U0015839

親子系列

動手玩數學

郭義信／著

寫在前面

您多久沒做數學問題？

從前當數學老師的人總是喜歡說：「數學是一門有趣而美好的學科。」在升學過程中，數學的確是佔有很重要的地位，我們希望子女的數學成績必須要好，可是為什麼大部分的人從學校畢了業之後，就不再主動接觸數學？數學難道只是升學的工具嗎？

反觀下面兩則新聞，不知道對您來說算不算勁爆？1996年，來台參加關懷聽障宣導活動的1995年美國小姐Heather Whitestone與北一女學生座談分享人生觀，提到自己高中最喜歡的科目是「數學」（1996年5月19日民生報）。如果你聽到日本女星廣末涼子在《秘密日記》中自述數學是她最拿手的科目（1999年10月29日自由時報42版）之後，你又是什麼樣的反應呢？不以數學作為升學工具的人，是否因此而容易喜歡上數學？

數學何其無辜。「苦澀難以理解」、「天才玩的遊戲」、「或許很有趣，但我決不會想再去主動接觸它」……。您可別這麼認為，也千萬別受過去學習數學的種種不快而影響。動手玩看看！其實數學是大家都可以玩的，千萬別害怕。

我們既可以自己玩數學，也可以親自帶領孩童玩。筆者在文中嘗試避免難懂艱澀的數學性語氣，期望透過一問一答的對話方式，提供並協助您輔導孩童學習數學，同時希望能有效協助您理解文章的內容，好讓這類數學題材能增加您與孩子們互動的機會。

從題材看，本書包含了原理、應用、遊戲、人文四個項目。「原理」是指內容與數學概念或原理的形成有關；「應用」指的是在生活上容易發現與該內容相關的應用；「遊戲」表示文章中有您直接就可以拿來玩味的活動；「人文」的意思是內容提及數學史、社會史、藝術史等文化或故事。

從內容的深度上，僅僅涉及國小數學的概念。但千萬別以為都很容易，因為非例行性的問題很多。一面看，一面拿起紙筆或輔助用品操作會更有趣。不太了解請再讀一次，或者，下一句對話就可以解答你的疑惑。

想想有趣的事物是如何使我們覺得有趣的？還不就是因為我們能敞開心門，願意嘗試著理解。數學沒有比改變你覺得數學很難的想法還要難。總之，動手試試看吧！

序

　　許多年前的一個夜晚，協同帶領一個孩童營隊的活動。記得當晚住在某一間寺廟裡。寺中有一位不滿二十歲就出家的年輕師父，那時候的他和筆者年紀差不多，於是談起話來也分外投緣。

　　當夜，一聊便聊到近隔日天將破曉之際。實在不甚記得當初都聊些什麼，不過有一件事情倒也還記憶猶新。那位師父說過他常在住所裡準備一罐糖果，說是要給常來玩的小朋友吃的。問他為什麼要這麼做？他說：小孩子還小，不會懂得大人口中的佛法，不過如果他們喜歡來我這兒玩，我就能有機會使他們認識佛法。

　　他這麼做是為了營造一個孩童良好的學佛環境，而一個良好的學習環境才可以使學習者在「安心」無慮中愉快的學習。

　　相傳畢達哥拉斯是一位非常優秀的教師，他認為每一個人都該懂些幾何。有一次，他看到一個勤勉的窮人，就很想教他學習幾何。他就向那個人建議：如果你能學會一個定理，我就給你一個錢幣。那個人看在錢的分上，就跟畢達哥拉斯學習幾何。可是過了一段時間，那個學生對幾何卻產生了非常大的興趣，反而要求畢達哥拉斯教快一些，反過來建議他說：如果老師能多教一個定理，他就給老師一個錢幣。沒多久，畢達哥拉斯就把以前給那個學生的錢全部收回了。如果學習的誘因對於學習是要緊的，那麼一位很好的老師必須是可以激發出學習者的潛能，能使他「發心」學習。

　　當一輛機車或一部汽車可能因瞬間點火的電壓不足，而導致無法發動，這時我們必須請人在車後面推動。在將動能儲存到某個臨界點時，瞬間就能夠轉為電能發動引擎，機械便能得以不斷運轉。過程中不見得那麼順利，可是一旦將引擎點燃了，到時候車輛就可以不再需要後面的施力，自己就能持續恆定地前進了！如果我們希望孩童的學習是有恆的，是不是應該在孩童學習的「恆心」之上，給予有效而持續的助益呢？

　　如果孩童能夠「安心」學習，繼而能「發心」學習，同時願意「恆心」學習的話，我想這應該是所有教育工作者一致的心願吧！

　　相信許多人從學校畢業之後，就很少接觸與數學有關的讀物，即便是趣味數學方面的讀物也是一樣。果若有人後來會再接觸到數學，我想絕大部分是為了輔導孩童數學課業，而不是自發性地願意和數學做「再一次的接觸」吧！相信大部分的人都認為國小數學所學會的數

學知識就已足以應付職場上的需求，何須學習更多的高等數學呢？可是如果數學可以玩，可以產生樂趣，您還會遠離它嗎？

如果您是基於輔導孩童數學課業上的需要而被迫重拾數學性讀物，是不是應先「安」自己了解數學的「心」，使自己覺得數學有趣，然後再「發心」尋找學習數學的良好態度，才能確保您的孩童在您的輔導之下，能有機會「安心」學習、「發心」學習，進而在往後的學習上能有「恆心」呢？

所有的教育工作者或許都會認為他所傳播的教育素材，對於孩童的現在或未來都是很有幫助的。我也是這麼認為，並且相信，成年人有機會應多多接觸與自己所學不相關的知識領域。無論您是不是基於輔導孩童數學課業方面的需要，建議您都能有機會玩賞與數學相關的活動，在趣味數學書籍或是數學性益智遊戲中，都有很不錯的數學題材。當數學教育工作者致力於幫助學習者學習數學的同時，也應不忘致力於提升社會人士對數學的看法。

數學是人類文化的一環，我們應該更親近於它。希望本書會是一本只要您沒忘記國小數學就可以看得懂的數學性讀物。書中所導入一些故事與事件，希望能有效呈現數學趣味性與生活性的面貌，並使您覺得數學史有趣，期勉大家關懷生活週遭所發生的事物。從而不論大家的背景所學，都可以視數學為增加生活樂趣的素材，藉由享受動手玩數學的樂趣，也享受了生活。

這本書的內容，曾經嘗試過教導許多國小的孩童，他們也都能理解並且也覺得有趣，筆者認為成年人也應該有機會接觸。在數學材料的來源上，常取材於台大數學系朱建正教授、師大洪萬生教授以及林篤英、蔡淑英、蔡聰池、許文化、曾正清等多位我所敬愛的數學教育工作者；而創作靈感的來源則要感謝我的家人、學生以及朋友們帶給我的生活經驗與支持。至於其他資料來源與參考工具方面，則須感謝九章出版社、凡異出版社、遠哲科學教育基金會、理藝出版社與其他不及備載的出版社所發行的中西書籍，以及網站上資源(如：大不列顛百科全書網站www.britannica.com、各大專院校數理系網站以及其他中西個人網站)的提供。教具攝影方面則是感謝中華少年科技公司潘德先生提供協助。

屬於我個人獨到的見解很少，除了心意。

目　次

神奇數字卡

　　一日，寶哥自一本數學讀物中找到一項有趣的猜數字活動，很慎重地裁切出六張約名片大小的空白紙卡，並且在紙上分別寫下許多數字，然後就立刻去找蕊蕊：「蕊蕊，你現在有空嗎？」

　　「幹嘛？要請我吃冰淇淋嗎？」

　　「別只想著吃，我最近從書上學會一項特異功能，讓你試試看靈不靈？」

　　「哪有這麼多會特異功能的人？前一陣子不是才報導說有人自稱能『隔空抓藥』嗎？結果被人揭發不過是魔術而已呢！」蕊蕊滿臉狐疑的說。

　　「你就當是魔術好啦！試試看嘛！很神奇的喔！」寶哥挑起蕊蕊的興趣了。

　　「好！看看你有什麼本事？」

變個數字戲法

　　「這裡有六張紙卡，每張卡號依序編號1號到6號。每張卡的上面各有許多數字，而數字是依據五行八卦陣法排列的。（如圖1）你在心中默想一個數字，然後偷偷寫在一張紙上，不要讓我看到喔！」寶哥一面故做神祕的樣子一面說道：「你只要很快的告訴我哪一張紙卡上有你出現的數字，我就可以馬上知道你心想的數字是什麼喔！」

　　「我才不信呢！我就試試看。嗯！想好了！」蕊蕊把她的幸運數字「13」記錄下來。

　　「我開始發問喔！第一張有沒有你心想的數？」

　　「有！」

　　「第二張呢？」

　　「沒有！」

　　「第三張呢？」

　　「有！」

　　當寶哥將這六張紙卡一一詢問過之後，幾乎同時，寶哥就宣佈蕊蕊心想的數字是「13」。

　　接連試了幾次之後，寶哥總是很快就猜中蕊蕊事先記錄下的數字。蕊蕊嘖嘖稱奇，自忖地說：「咦！就算哥哥把每一張存在我記下的數字的紙卡，一一比對，然後找出這個數字來，也不可能這麼快能猜得到啊！真奇怪！」

　　「服氣了吧！」寶哥得意地說。

　　「紙卡中一定存在某種祕密！快點告訴我嘛！」

第1張

5	31	7	17	19	21
23	25	27	29	9	11
13	15	33	35	37	39
41	49	51	53	55	57
59	61	63	43	45	47
3	1				

第2張

6	7	10	11	14	15
18	19	22	23	26	27
31	34	35	38	39	42
46	47	50	54	55	58
59	62	63	3	2	28
43	51				

第3張

6	7	12	13	14	15
20	21	22	23	28	29
30	31	36	37	38	60
39	44	45	46	47	52
63	5	4	53	54	55
61	62				

第4張

10	63	12	61	14	15
24	11	26	27	28	29
30	40	41	42	43	44
45	46	47	56	58	59
60	57	62	9	8	31
31	25	13			

第5張

18	19	20	21	22	23
24	25	26	27	28	29
30	16	48	49	50	51
52	53	54	55	56	57
58	59	31	61	62	63
17	60				

第6張

34	53	36	37	38	39
40	54	42	56	44	45
46	47	48	49	50	51
52	32	43	55	35	57
58	59	60	61	62	63
33	41				

（圖1）

秘密數字藏玄機

「請我吃冰淇淋我就教！」

「不成！快說！」

「好吧！好吧！怕你了！我說啦！」寶哥其實忍不住地想找人分享這紙卡上的祕密：「每一張紙卡都有一個祕密數字在裡面。第一張紙卡的祕密數字是1，第二張紙卡是2，第三張是4，第四張是8，第五張是16，第六張是32。你找到了嗎？（如圖2）」

「嗯！然後呢？」

「如果你心裡想的數只出現在第一、三、四張紙卡的話，就分別將這幾張紙卡的祕密數字1，4，8加起來，這些祕密數字的總和就會是你心想的數字了。」

「我試試看！如果我心裡想的是『27』，那麼『27』會出現在第一、二、四、五張紙卡，而這四張紙卡的祕密數字依序是1，2，8，16，將1，2，8，16加起來……，咦！真的等於27耶！真奇怪！」蕊蕊驚訝地說：「哥哥，為什麼祕密數字加起來會是我心裡想的數字呢？」

「這個嘛！……嘻！我也不是沒有想過，書上只寫了這麼多啊！」寶哥不好意思地說：

「你去問爸爸好了！」

「好主意！」蕊蕊一溜煙直奔爸爸書房而去。

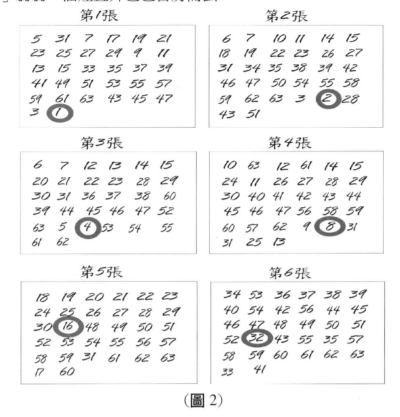

(圖2)

二進位數表示數字的方法

「咦！這組數字卡設計得很好！其中用到了數學上二進數的原理。」爸爸一面把玩寶哥所製作的紙卡，一面解釋。

「二進數？我只聽過十進數啊！」蕊蕊不解地問道。

「不談進位制！我們一同思考一個有趣的問題。」

「好哇！什麼問題？」

「從前有一個奇特的發明家，他想設計一組砝碼來測量物體的重量，可是又不希望設計出的砝碼具有相同的重量。」

「那倒是奇特啊！學校常用的200公克砝碼組裡頭，1公克重的砝碼就有2個，而10公克重的砝碼也有2個。」蕊蕊回想起她所使用過的砝碼組，然後說道。

用砝碼組舉例說明

「正是如此才奇特呀！」爸爸說：「於是他想，要測量出1公克重的物品，必須發明1公克的砝碼，所以他想這個奇特的砝碼組不能沒有1公克，就設計了一個1公克的砝碼。」

「那如果物體重兩公克呢？就不能再發明一個1公克的砝碼了，因為這樣會變成砝碼組中有兩個1公克，那砝碼重量就重複了。」

「是啊！所以必須發明一個2公克的砝碼。」

「那麼用1公克和2公克的砝碼，就可以秤出3公克重的物品囉！」蕊蕊反應很快。

「是啊！那如何秤出4公克重的物體呢？」爸爸反問蕊蕊。

「不行了！只好發明一個4公克的砝碼吧！」

「對！這麼一來，已經製作出了1公克、2公克以及4公克的砝碼。5公克重的物品，可以用……」

「我知道！用4公克加1公克來秤5公克重的物品，6公克的物品就用4公克加2公克，而7公克就將4公克、2公克和1公克全用上。我反應很快，對嗎？」蕊蕊嬌氣地說：「接下來，如果要秤出8公克重的物品，就必須發明8公克的砝碼了，對嗎？」

「嗯！所以……」

「所以9公克重用8公克加1公克；10公克重用8公克加2公克；11公克用8＋2＋1；12公克用8＋4；13公克用8＋4＋1；14公克用8＋4＋2；15公克全用了，8＋4＋2＋1。而16公克重的物品……只有再發明一個16公克的砝碼囉！……」

「說得很好，怎麼不繼續說了呢？」

「因為我覺得累了呀！其實不必這麼辛苦的。我發現這些砝碼組是1,2,4,8,16公克，它們都具有一個特性：那就是從1開始，一直乘以2下去，就能得到下一個砝碼的重量。所以下一個必須發明的砝碼是16×2＝32公克。對吧！」蕊蕊說：「咦！這些砝碼的重量，不就是紙卡裡面的祕密數字嗎？」

說著便指著紙卡中的數字告訴爸爸。

「這可不是巧合喔！這是故意安排的結果。想想看，使用這組神奇的砝碼組所秤得物品的重量，都只有一種秤法。在砝碼組所能測量的範圍內，任何整數若要以這些砝碼的重量來表示的話，都只有一種表示方法。舉例而言，如果想從1,2,4,8,16,32這些數中挑出幾個數相加等於45，而且每個數最多只能使用一次的話，也只有32＋8＋4＋1這一種方法了。對嗎？」

「喔！……所以『45』這個數字應該會在擁有1,4,8,32的紙卡中出現……。果然只能在第1、3、4、6張才能找到45！」蕊蕊大笑地說道：「反過來說，如果有人心裡想的數是『45』的話，他一定會說在第1、3、4、6張紙卡有出現心裡想的數，到時候只要把這些紙卡的祕密

數字加起來，就可以知道他心裡想的數字是『45』了。原來這就是神奇紙卡的原理啊！」

　　寶哥聽到笑聲，連忙跑了進來問：「蕊蕊，你懂了嗎？告訴我！」

　　「才不！除非你請我吃冰淇淋，哈哈……」

◀動手玩時間▷

過過當魔術師的癮吧！

　　請參照圖1，製作成六張小紙卡，或是逕行利用圖1，猜猜別人心中所想的數字。快去讓別人感受一下神奇數字卡所帶來的訝異吧！

數說心語

用數學的術語來說，任何大於零的整數都能以1,10,100,1000……等10的乘冪作為基數（或基底，英文叫做base），並用0,1,2,3……,9這十個小於10的整數作為符號，可將任何整數唯一表示。這種計數法，稱為十進制。例如：十進制的35＝3×10＋5×1，其中的「3」和「5」就表示這個數包含了幾個在相對位值上的基數，「3」就是有3個「10」，而「5」也就是5個「1」的意思。

同理，用1,2,4,8,16等2的乘冪作為基數，並只用0,1這兩個小於2的整數作為符號，也可以將任何整數唯一表示。這就是二進制。以十進制的35來說，35＝32＋2＋1，或是35＝1×32＋0×16＋0×8＋0×4＋1×2＋1×1。因此，在二進制中，我們可以將32表示為100011，而位值中的「0」或「1」表示該數包含了0個或1個該位值的基數。透過本文中所提及的創造砝碼的活動，應該更容易明瞭：為什麼使用1,2,4,8,16……等這些2的乘冪的數作為基數，並只用到0和1兩個符號，就可以唯一表示任一整數。

十進制是我們日常生活最方便的計數法。而二進制則常運用在電腦領域上，數據資料（data）在系統內部是用二進制的格式儲存的。在電腦方面也常用到十六進制，記錄程式存放在記憶體的位址。十六進制是用1,16,256……等16的乘冪，和0,1,2,3,4……,9,A,B,C,D,E,F這十六個符號表示任一整數，譬如：十進制的48682就是十六進制的BE2A。

埃及分數

「今天中午要吃什麼啊？肚子快餓扁了。」蕊蕊四處翻櫃子的抽屜。

「蕊蕊，瞧你沒勁兒的樣子，你看哥哥多麼用功啊！」媽媽見狀即說。

「才怪呢！哥哥表面上是在使用電腦光碟學習英文，其實啊，是在玩電腦遊戲！」

「喂！你可別亂告狀啊！……」從書房傳來寶哥的抗議申訴與空氣中夾帶的英文發音『paper』……！

「蕊蕊又在告狀了嗎？」爸爸聽見爭執聲，徐徐地走向蕊蕊：「你知道『paper』是什麼意思嗎？」

「………」

「哥哥，『paper』是什麼意思？」爸爸轉頭朝向書房中的寶哥問道。

「『paper』是紙張的意思啦！」寶哥忿忿地從房門走出。

「蕊蕊誤會哥哥了！」爸爸輕聲斥責蕊蕊。

「人家只是肚子餓了啊！」

「知道啦！今天中午媽媽不想煮飯，我們叫外賣披薩好嗎？」媽媽幫蕊蕊解圍說道。

「好啊！」全家舉手贊成，隨即媽媽拾起話筒，訂了全家人最愛吃的海鮮和夏威夷披薩。

「媽媽，要等多久？肚子好餓怎麼辦？」蕊蕊告急了說。

Paper 的由來

「那爸爸講個和『paper』有關的故事給你們聽好了！」

「紙張的故事我知道！在西元425年間，范曄所著的《後漢書》中就有正式列傳，約在西元105年間，蔡倫發明造紙術啊！」

「你說的沒錯！蔡倫發明的紙叫做『蔡侯紙』。在這之前，有一種使用了好幾百年的『樹皮布』，可以當紙用。不過這種物質，主要還是做為製造衣服的材料，如果要當紙用的話，還須加工處理，質地與保存性都遠不及『蔡侯紙』高，所以後漢書才將蔡倫的造紙事蹟正式列傳。」爸爸話鋒一轉：「而在同一時期的西方，羅馬人也有一種類似紙張的物質可供人們書寫用。這種物質是埃及人發明的，埃及人稱為『papyrus』，這種物質，是用生長在尼羅河畔的蘆葦草作成的，是一種草紙。『paper』這個英文字，就是『papyrus』衍生而來的。」

「原來有這樣的典故啊！我覺得不論中外，紙張對於人類的貢獻真的很大。如果沒有紙張，我們就不能了解人類所發生過的歷史了。」

「哥哥，不了解過去的歷史又如何呢？」蕊蕊不解問道。

「這個嘛！現代人如果不了解歷史的話，就容易重複以前的人所犯的錯事而不能記取教訓，重頭研究過去人類發明過的工作而浪費資源與時間，這樣不是很傻嗎？」寶哥提出他的見解。

「還有更重要的一點，研究歷史本身就是一件很有趣的事。」爸爸補充說道。

「是嗎？」蕊蕊不解地問。

數學草紙的面紗

「就舉埃及人所發明的『草紙』來說吧！在西元1858年，有一位英國考古學家萊特(Alexander Henry Rhind)在埃及的一個渡假都市買了一卷草紙，後人稱這卷草紙為萊特草紙(Rhind papyrus)。後來有人把這卷草紙裡的內容全部翻譯了出來，發現這卷草紙的內容是在西元前1650年左右，埃及的一位掌管祭祀的官員名叫亞曼斯(Ahmes)所撰寫的。由於這卷草紙所記載的主要是當時所處理過的許多數學問題與表格，因此對於研究埃及數學的文明發展有很重大的貢獻，所以這卷草紙也被稱為亞曼斯草紙(Ahmes papyrus)，用來紀念當初的那位官員。」

「哇！算一算那卷草紙有將近四千年的歷史耶！爸爸，你可不可以舉一些那卷草紙上所記載過的數學讓我了解呢？」寶哥好奇地問。

「可以啊！其中有一部分記載著埃及人使用分數的情形。」

「四千多年前，埃及人就了解分數的意義嗎？」蕊蕊問。

「嗯！而且還在草紙中記載著許多用『單位分數』所表示的分數呢！」

「什麼是『單位分數』呢？」蕊蕊進一步追問。

「『單位分數』是指分子是1的分數，如：$\frac{1}{2}$、$\frac{1}{3}$、$\frac{1}{4}$等。埃及記錄單位分數的符號很有趣呢！在數字上畫一個扁平的橢圓形，代表分子是1，然後在橢圓形下方寫出不同的整數，就成了不同的單位分數呢！可是啊……」

「可是什麼？」蕊蕊好奇地問。

「古代埃及人創造出用來表示單位分數的符號，也創造出$\frac{2}{3}$的符號，卻沒有發明足以表示其他非單位分數的符號。而這樣的符號系統一用就是好幾個世紀。」

「爸爸，我不太懂你的意思耶！」寶哥提出疑問。

「舉例來說吧！埃及的尼羅河經常發生洪水氾濫，如果有人的田地被洪水淹沒了$\frac{2}{5}$，他

們會說：『我的土地被淹沒了 $\frac{1}{3}+\frac{1}{15}$ 』。」

「哇！為什麼要說得那麼複雜呢？」寶哥很訝異地說。

「因為他們沒有發明一個符號用來表示 $\frac{2}{5}$ 啊！」

「既然所有單位分數的符號都創造了，幹嘛不一併創造出其他分數的符號呢？」

「這個問題的答案一直是個謎！有人推斷說古代埃及人對於分數的概念還不純熟。更有趣的是，埃及人還列出一個表來表示所有分子是2，分母是大於3但小於103或不大於101的奇數這樣的分數，作為方便日常生活上使用的參考。」

「爸爸，你所指的這些分數是 $\frac{2}{3}$ ，$\frac{2}{5}$ ，$\frac{2}{7}$ ，$\frac{2}{9}$ ，$\frac{2}{11}$ ，……，一直到 $\frac{2}{101}$ 嗎？」寶哥試著釐清爸爸的意思，並接著發問：「為什麼要排除分子是2，同時分母是偶數的分數呢？」

「還有一個問題。究竟所列的是怎樣的一個表啊？」蕊蕊也忍不住地問道。

「先回答哥哥的問題。許多學者猜測：古代埃及人似乎了解分子是2，同時分母是偶數的分數，其實可以更進一步簡化成單位分數。所以也就沒列在表上了！」爸爸說：「至於這個表上所列的就是將這些分數表示成不同單位分數相加的寫法。以剛剛所說的 $\frac{2}{5}$ 為例，在這列表中是用：$\frac{2}{5}=\frac{1}{3}+\frac{1}{15}$ 。」的形式。

「要將 $\frac{2}{5}$ 變成單位分數相加還不簡單。$\frac{2}{5}$ 就等於 $\frac{1}{5}+\frac{1}{5}$ 啊！$\frac{1}{5}$ 就是單位分數了。你看我也能辦得到，只是為何要用不同單位分數的和來表示？」蕊蕊覺得古代埃及人真是莫名其妙！

「這就是大家不明白的地方。更奇怪的是，目前還沒有能肯定地知道，他們是如何將 $\frac{2}{5}$ 表示成 $\frac{1}{3}+\frac{1}{15}$ 的呢！」

「這個我會啊！老師教過 $\frac{1}{3}+\frac{1}{15}=\frac{5}{15}+\frac{1}{15}$ ，最後就等於 $\frac{6}{15}$ ，約分後就等於 $\frac{2}{5}$ 。所以 $\frac{2}{5}$ 可以表示成 $\frac{1}{3}+\frac{1}{15}$ 呢！」蕊蕊說。

「不是這個意思啦！譬如說，你知不知道哪兩個單位分數相加，會等於 $\frac{2}{7}$ ？」爸爸問蕊蕊說。

「……」

「那哪兩個單位分數相加，會等於 $\frac{2}{11}$ ？」爸爸又問道。

「……」

「爸爸，這的確是個有趣的問題。古代埃及人能知道這些問題的答案，真是了不起！至少我就不知道要怎麼做？」寶哥讚賞地說。

「是很了不起！有人還推測這和他們吃麵包的文化很有關係。」

「是嗎？」

運用分配原則解開謎思

「是啊！外國人家庭的主食常吃自己烘培的長麵包，等到有人要吃的時候，才會拿刀子將麵包切片來吃，因此如果要吃的人多一點的時候，就會產生分麵包的問題。舉個例子來說吧！假設我們家訂了2個披薩，一共有5個人要吃。你認為一個人可以吃多少個披薩？」

「很簡單啊！將2個披薩除以5，也就是 $2 \div 5 = \frac{2}{5}$ 。一個人能分到 $\frac{2}{5}$ 個披薩啊！（註）」寶哥不加思索地說。

「很好！現在披薩來了，請你公平地分給這五個人吧！」爸爸找出了紙筆，畫出兩個大圓圈，表示兩個披薩，示意請寶哥在紙上劃分。（如圖1）

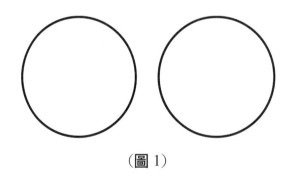

（圖 1）

「一個人應該分到 $\frac{2}{5}$ 個披薩，而 $\frac{2}{5}$ 是2個 $\frac{1}{5}$ 的意思，所以將這兩個披薩各分成5等分，一共就有10片披薩。然後一個人拿兩片去，也就算是拿了 $\frac{2}{5}$ 個披薩了啊！」很快地，寶哥便回答了這個問題。（如圖2）

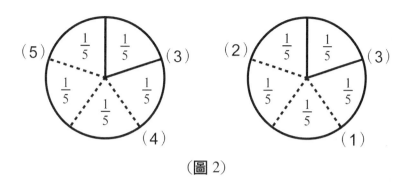

（圖 2）

「還有一種想法。先將一個披薩分成5份，這5個人先各拿走 $\frac{1}{5}$ 個披薩。分完了，再將另一個披薩分成5份，每個人又各拿走 $\frac{1}{5}$ 個披薩。分了兩次，每個人各分了 $\frac{1}{5} + \frac{1}{5}$，就等於分了 $\frac{2}{5}$ 個披薩了呀！（如圖3）」蕊蕊說出不同的看法。

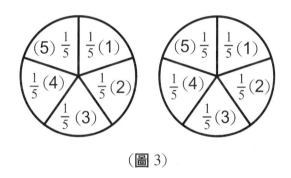

（圖 3）

「你們說的都對！但是這樣的想法，可都無法產生不同的單位分數相加呢！」

「對喔！那要怎麼做呢？」

「首先將兩個披薩各分成三等分，然後這五個人各取走一片。於是，第一次分的過程中，每個人各得 $\frac{1}{3}$ 個披薩。還有披薩剩下來，對嗎？（如圖4）」爸爸說。

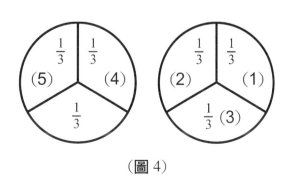

（圖 4）

「沒錯！剩下的披薩當然必須繼續分下去。再將剩下的 $\frac{1}{3}$ 個披薩分成五個小等分，每一小份就是幾分之幾個披薩呢？對了！一不做，二不休，乾脆將1個披薩中的三個 $\frac{1}{3}$ 都各自分成5等分，就可以知道每一小份的大小應該是 $\frac{1}{3 \times 5} = \frac{1}{15}$。喔！原來把 $\frac{1}{3}$ 個披薩分成五個小等分，每一小份披薩也就是 $\frac{1}{3} \div 5 = \frac{1}{3 \times 5} = \frac{1}{15}$ 個披薩。所以第二次，每個人又分得 $\frac{1}{15}$ 個披薩。分完了！（如圖5）」寶哥回答說。

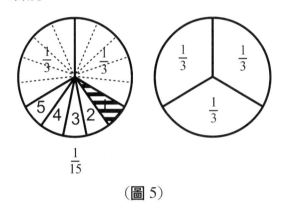

（圖5）

「嗯！透過這樣的分配方法，就能解釋為什麼我們可以將 $\frac{2}{5}$ 分解成 $\frac{1}{3} + \frac{1}{15}$ 了。看樣子，古代埃及人的頭腦真是不簡單呢！」蕊蕊做了結論。

「啾……」

「門鈴響了！誰去開門？」媽媽從廚房傳出聲音。

「我去開門……。是披薩送來了！」寶哥興奮地說。

◀動手玩時間▶

1.我們可以將 $\frac{2}{5}$ 寫成 $\frac{1}{3} + \frac{1}{15}$ 這兩個不同單位分數相加。請你也試著透過作圖的方法，將 $\frac{2}{3}$、$\frac{2}{7}$ 和 $\frac{2}{11}$ 這些分數也分解成兩個單位分數的相加。譬如：將 $\frac{2}{3}$ 看成將 2 條法國麵包平分給三個人的結果。

2.埃及人對於 $\frac{2}{n}$ 的分解方法似乎有作過分類。例如：在萊特紙草中，將 $\frac{2}{65}$ 分解為兩個單位分數相

加的方法，就是從 $\frac{2}{5}$ 的分解方法推演得來的，因為他們發現 65 是 5 的倍數。請你參考 $\frac{2}{5} =$

$\frac{1}{3} + \frac{1}{15}$，也將 $\frac{2}{65}$ 寫成二個單位分數的相加。

3.如果 n 是任何整數的話，那麼這個式子是成立的：$\frac{1}{n} = \frac{1}{n+1} + \frac{1}{n \times (n+1)}$。舉例說明：

(1)n＝1時，$\frac{1}{1} = \frac{1}{1+1} + \frac{1}{1 \times (1+1)}$

(2)n＝2時，$\frac{1}{2} = \frac{1}{2+1} + \frac{1}{2 \times (2+1)}$

(3)當然我們無法透過將所有的整數一一代入上述式子中，然後檢驗每一道式子是否都
成立。用代數的算則是最簡便的方法，不過失去趣味性。請你試試透過分配的方法
來證明 $\frac{1}{n}$ 的確等於 $\frac{1}{n+1} + \frac{1}{n \times (n+1)}$。概念是最重要的，提示一下：你可以將 $\frac{1}{n}$ 看成
將1條法國麵包分給n個人的結果。

◀參考答案▶

1.做法是：

我們可以將 $\frac{2}{3}$ 視為2條法國麵包分給3個人的結果。則分法如圖6：

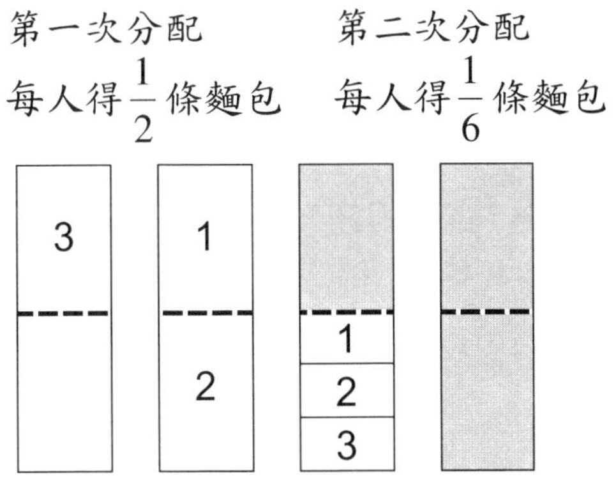

(圖6)

因此 $\frac{2}{3} = \frac{1}{2} + \frac{1}{6}$。

如果將 $\frac{2}{7}$ 視為2條法國麵包分給7個人的結果。則分法如圖7：

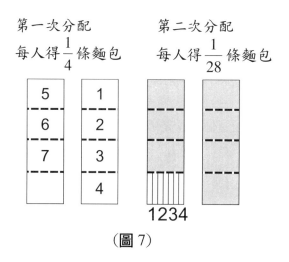

(圖7)

因此 $\frac{2}{7} = \frac{1}{4} + \frac{1}{28}$。

如果將 $\frac{2}{11}$ 視為2條法國麵包分給11個人的結果。同樣的道理，分法類似圖6和圖7，可以得到 $\frac{2}{11} = \frac{1}{6} + \frac{1}{66}$

您不妨試著一一驗證：將作圖所得到的二個單位分數相加後的結果，是不是確實等於題目中的分數？

2.先還原問題。根據 $\frac{2}{5} = \frac{1}{3} + \frac{1}{15}$，可以將 $\frac{2}{5}$ 視為 2 條法國麵包分配給 3 個人的結果，並且第一次分配後，每人得到 $\frac{1}{3}$ 條，第二次分配後，得到 $\frac{1}{15}$ 條。

同樣地，我們可以將 $\frac{2}{65}$ 視為2條法國麵包分配給65個人的結果。分配的人數由65變為5，人數增加為13倍，於是我們可以將原先第一次分配給5個人所得到的每個 $\frac{1}{3}$ 條，再一一分成13份，每一份也就是 $\frac{1}{3} \div 13 = \frac{1}{39}$ 條，如此一來，就可以使這65個人於第一次分配時，各得 $\frac{1}{39}$ 條麵包。原先第二次分配的做法也可以如是想：因此第二次分配後，每個人可以再得 $\frac{1}{15} \div 13 = \frac{1}{195}$ 條。

所以 $\dfrac{2}{65} = \dfrac{1}{39} + \dfrac{1}{195}$。

3.如果要將 1 條法國麵包平分給 n 個人，我們可以把 1 條麵包平分成 n 等分，所以每個人當然可以得到 $\dfrac{1}{n}$ 條麵包。但是如果分成 (n+1) 份呢？第一次分配，每個人可以得到 $\dfrac{1}{n+1}$ 條麵包，還剩下 $\dfrac{1}{n+1}$ 條，因此可以有第二次分配。再將 $\dfrac{1}{n+1}$ 條麵包，分成 n 等分，每一等分的大小是

$$\dfrac{1}{n+1} \div n = \dfrac{1}{n \times (n+1)}$$，就能夠使麵包平分完。

所以可以得到這個結論：$\dfrac{1}{n} = \dfrac{1}{n+1} + \dfrac{1}{n \times (n+1)}$

數說心語

牛頓說：「假如我比別人看得遠，那是因為我站在許多巨人的肩膀上。」學習現代數學的樂趣之一，必須包括了解過去的人對於相關問題是如何思考的。透過這樣的學習所衍生得來的人文意義，其重要性應該不亞於學習數學知識本身。

從人文的角度出發，先認識古埃及人研究分數的結果之後，再回過頭來重新探討分數的意義，這樣有沒有改變您對於數學的某種刻板印象呢？

註：

若有人問說：$\dfrac{2}{5}$ 是多少？或許有人舉類似這樣的例子作為回答：「$\dfrac{2}{5}$ 就是將 1 個披薩分成 5 等分，取其中 2 等分，就是 $\dfrac{2}{5}$ 啊！』。這樣的回答也沒有錯，但是卻是站在連續量的基礎下思考問題，將 1 視為單位量，然後 $\dfrac{2}{5}$ 是「1」這個量的 $\dfrac{2}{5}$，這個量比 1 小，是 $\dfrac{2}{5}$ 這麼大的數量。

從另一個角度來看分數：分數，可以說是分配的結果。說到分配，不能不講到除法。

在解答文字情境問題時，使用除法來解決問題的時機常常有下列兩種：一種是在含有分裝描述的問題時，要求單位量必須轉換，這樣的除法是用來解決單位數未知的問題，例如：「有 24 個麵包要分送給人，每人分給 6 個麵包，請問可以分給幾人？」，這樣的除法稱為「包含除」，也可以視為被除數和除數是相同的單位量時所使用的除法。另外一種除法，稱作是「等分除」，是用來解決

單位量未知的問題，例如：「有 24 個麵包，要平分給 4 個人，請問每人得幾個麵包？」，也可以視為被除數和除數是不同的單位量時所使用的除法。

再回頭來看 $\frac{2}{5}$ 這個分數可以有何意義？用「包含除」的觀點來看待 $\frac{2}{5}$，可視為「5 個麵包可裝一盒，那麼 2 個麵包能裝成幾盒？」。如果用「等分除」的觀點來看待 $\frac{2}{5}$，可視為「有 5 個人要平分 2 條麵包，請問每個人可分得幾條麵包？」。

同樣都是 $\frac{2}{5}$ 這個數，您能想出幾種不同的意義來描述 $\frac{2}{5}$ 呢？不同的理解方式，象徵著對於分數或是除法有著不同的了解程度。

文中對於 $\frac{2}{5}$ 的理解方式，就是「等分除」的一種做法。

拉丁方陣

「啾………………」門鈴響了。

「……婷婷姊姊，歡迎你來玩，請進！……」

「蕊蕊好乖！你看，婷婷姊姊帶什麼來給你玩！」婷婷見蕊蕊衝上前來，便忍不住興奮地抱住她。

「……哇！是神奇寶貝的撲克牌耶！送給我的？」

「是呀！哥哥呢？我也帶了一付送給他呢！」

「……婷婷姊姊，你來啦！我在房間啦！謝謝你送我一付神奇寶貝的撲克牌。可是……，現在比較流行數碼寶貝耶！」寶哥聽見婷婷進門的聲音後，迅速地將手上的最後一題數學作業完成，然後走出房門說道。

「………」

「婷婷姊姊，可是我比較喜歡神奇寶貝啊！」蕊蕊見婷婷一副錯愕的樣子，急忙安慰她。

「蕊蕊喜歡就好，那我們一起來玩撲克牌吧！」

「嗯！……」

說著，蕊蕊很快地解開手中的新牌。

「婷婷姊姊，其實我也很喜歡神奇寶貝！反正不論是哪一種撲克牌，都是由四種花色組成的，而每種花色都有Ａ、2、3、……、10、J、Q、K！13×4＝52，共52張牌嘛！」寶哥見狀，感覺失禮了，也趕緊打圓場說道。

「沒關係啦！下次我看到數碼寶貝，再買給你囉！哥哥要一起來玩嗎？」

「好啊！不論是拱豬、大老二還是吹牛，我樣樣行的！」

「我們玩點比較特別的，好嗎？這個遊戲自己就能玩耶！」只見婷婷接過蕊蕊手中的牌，沒有多久時間，已經從其中抽出所有點數是A、K、Q、J的撲克牌成員（如圖1）。

「婷婷姊姊！每一付撲克牌裡，每個點數都有黑桃、紅桃、紅磚及黑花各一張，所以你已經抽出了4×4＝16張牌了。那到底要玩什麼呢？」蕊蕊不解的問道。

「蕊蕊很細心！姊姊問你，如果將這十六張牌，四張排成一列，一共可以排幾列？」

「將16張牌分成四張一列？16÷4＝4，可排成四列啊！」

「對！這個活動也就是要你將這16張牌排成四張一列，一共排成四列！」

「姊姊，問題的要求不會只有這樣而已吧！」寶哥在旁已仔細聆聽兩人的對話許久，雙手交叉於胸前，滿臉狐疑的問道。

「哥哥說得沒錯！問題不只如此。排列還必須符合下面的條件喔！那就是每橫向的一列

都要有A、K、Q、J，並且每縱向的一排也都要有A、K、Q、J才行，不但如此，更重要的是，在這四列四排的長方形圖形裡的每一條對角線，都有四張牌，這四張牌也必須有A、K、Q、J喔！」

「哇！姊姊所謂的對角線，是指圖形中交叉的兩條斜線嗎？嗯，這樣問題就變成有趣多了喔！我來試試……」寶哥隨即也解開手中的新牌，取出這16張牌，並且戰戰兢兢地迎接挑戰。蕊蕊也尾隨在後，想早一步比寶哥先行找出問題的答案。

「婷婷姊姊！我找到了啦，是這樣對嗎(如圖2)？」

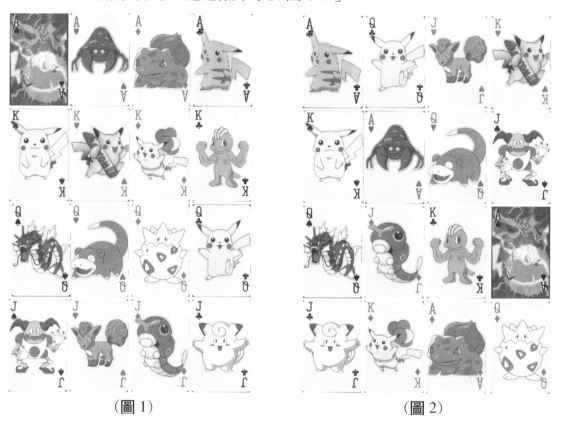

（圖1）　　　　　　　　　　　　　（圖2）

「……蕊蕊，你的圖形中的每一列與每一排的確都有A、K、Q、J，可是你有沒有發現，在這交叉的兩條對角線中，並不是都有A、K、Q、J呢？」婷婷已查出蕊蕊的問題癥結點。

「姊姊！是不是這樣！」寶哥似乎找出了另一個答案(如圖3)。

「嗯！哥哥好棒！就是這樣！」

「哇！這問題實在有意思！這樣的排列圖形有沒有名字呢？」

「有啊！這樣每列有四格，並且同樣有四排的圖形，我們稱為方陣。而符合這樣排法的圖形，就叫做『拉丁方陣』呢！」

「喔！拉丁方陣啊！……名字蠻有意思的，有沒有難度更高的排法呢？」

「問的好！如果前面的要求不變，加入更多的限制，譬如一併考慮花色問題，是否會增加問題的難度？」

「哇！我知道姊姊的意思了！你是指除了在每一列、每一排並且每一條對角線中都必須出現A、K、Q、J之外，另外加入一項限制，那就是在每一列、每一排並且每一條對角線中都必須有黑桃、紅桃、紅磚、黑花囉……」

「哥哥真是聰明！一點就通呢！」

「哇！真希望我有阿拉丁神燈相助喔！」蕊蕊也發覺到問題的確更困難了許多，語氣中夾帶幾許無力。

「別沮喪嘛！遇到困難時，多唸幾句『芝麻開門』，說不定你就能茅塞頓開呢！」寶哥堅定著一顆勇往直前的心，同時安慰著蕊蕊說。

（圖3：成功的拉丁方陣）

◄動手玩時間►

　　請拿出一付撲克牌，抽出牌中的A、K、Q、J，共16張牌。將這16張牌，排成四行四列的4×4的長方形，並且符合每行、每列與每條對角線都有A、K、Q、J與紅桃、黑桃、紅磚以及黑花。

數學遊戲的活動,是一種解題的過程。答案的尋找固然是很重要的,但是能分析問題的特性,進而尋找出各種不同的解題策略,更是一件重要且饒富趣味的事。

解題者一定有自己解題的策略。筆者僅提供一種比較富有數學性的方法。

延續圖三的成功圖案,把圖案變成下面簡單的表格:

A	Q	J	K
K	J	Q	A
Q	A	K	J
J	K	A	Q

如果文中的問題改為每行、每列與每個對角線都有黑桃、紅桃、紅磚與黑花的話,其實只要將A當作黑桃•,K當作紅桃•,Q當作紅磚•,而J當作黑花•,就成了新的問題的答案了。

•	•	•	•
•	•	•	•
•	•	•	•
•	•	•	•

而同時要求每行、每列與每個對角線都有A、K、Q、J與黑桃、紅桃、紅磚與黑花,則只要將這兩個答案合併即可。也就是

A •	Q •	J •	K •
K •	J •	Q •	A •
Q •	A •	K •	J •
J •	K •	A •	Q •

數說心語

數學王子高斯曾說：「數學，要緊的是概念而不是符號。」符號是在有了概念之後，孕育而生的解題幫手。發展到今的數學符號，是為了讓數學能夠透過標準化而達到快速學習、傳播與溝通的便利性所建立的，可是卻也同時是使人望數學而卻步的殺手。

在這個活動裡，初階的問題是不需符號的幫忙的，但是面對較進階的問題，如果您不想只滿足於停留在拼湊或忙於推理的窘境之中，或許在多次的解題過程中，您會藉由經驗，而擁有了概念，進而很自然地會發明一套屬於自己的符號系統！而孩童就是需要這樣的解題經驗。

正方盒展開圖

　　寶哥的父親最近計畫要搬家。新居那兒的空氣清新，交通也還便利，同時，室內的活動空間更是大了許多。

　　搬家要準備的事還真不少，只見爸媽在搬家前忙裡忙外的，到處尋找可封裝物品的紙箱。還好住家附近有超市，很多果農與菜農搬運水果蔬菜後會留下既大又堅固的紙箱，剛好派的上用場！

　　「……哇！爸又帶著好多紙箱回來了！」

　　「當然囉！你和蕊蕊有一堆書籍與玩具，要裝箱才好搬啊！」

　　「爸！搬家真是好辛苦！不但要帶走的東西多又重，打包也好麻煩，而且還必須離開我們的鄰居姊姊－婷婷，真是捨不得！」

　　「以後你們還是可以回來找她玩啊！新家那裡說不定也會遇到不錯的鄰居！好了，不說這些，不如想點數學解解悶！數學應該算是不錯的排遣工具，想一想數學問題，可以讓你忘卻煩惱。」

　　「好啊！嗯……對了，爸爸你今天不是帶了好多紙箱回來嗎？今天我們來探討與紙箱有關的數學好嗎？」

長方體和長方形

　　「你對紙箱有興趣嗎？」

　　「是啊！紙箱的大小雖然有很多種，可是它們都算是長方體！撇開特殊的設計不談，如果我們把紙箱子拆開來，它們的展開圖，都是由六個長方形構成的。」

　　「你說得很對！紙箱展開的設計圖，算是很實用的一種設計。雖然為了實際應用的需求，接合方式與組合設計可能各有不同，但如果將這些因素抽離，就只剩下數學的雛形概念：長方形與長方體了。」爸爸補充說道。

　　「是啊！我去拿組合片來說明好了！……咦！收起來了嗎？……應該在這個箱子裡的……，找到了！」寶哥興奮地翻箱倒櫃。

　　「大部分的紙箱拆開後，展開圖應該都是像這樣子的吧(如圖1)！」

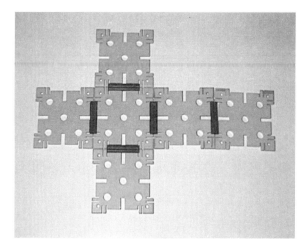

(圖1：十字形的展開圖)

「很好！這樣的展開圖，可以組成一個正方體。而正方體可算是一種很特別的長方體，這種形體的長、寬和高都是一樣長呢！那我們就來研究正方體的展開圖好了！…還有一種正方體的展開圖形狀也常看到，就像這樣…。」（如圖2）

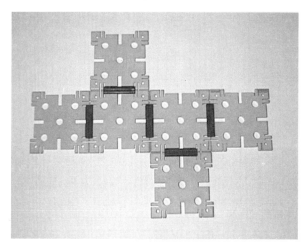

(圖2：另一種展開圖)

正方體的展開圖

「這樣的展開圖能組成正方體嗎？我試試看……，ㄟ，真的可以耶！爸爸！是不是正方體的展開圖只有這兩種呢？」寶哥不解地問道。

「你覺得呢？」爸爸覺得發問的人，應有責任自行先將問題推敲一番。

「我也不太清楚耶！不過或許我可以試試看！」寶哥熟練的完成一個正方體的組合，隨

即立刻將它拆開：「由於這是直接由正方體拆開的結果，所以必然是正方體的展開圖，對吧？」
（如圖3）

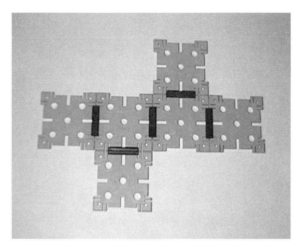

（圖 3：圖 2 的反面圖）

「沒錯！這的確是正方體展開圖的一種，可是你有沒有發現，將圖形反過來後，結果和爸爸先前完成的圖形是一樣的？」

「真的耶！」

「所以，為了研究這個問題，我們得先將重複的展開圖排除不計。接下來我們所要尋找的圖形，除了必須能組成一個正方體之外，還必須是經過翻面與旋轉後，都與先前的圖形不同才行！」

「好！我用之前相同的方法試試，看看是否還有第三種展開圖存在！……哈哈！這個圖形沒出現過吧！」（如圖4）

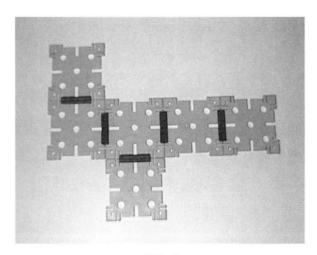

（圖 4）

「不錯！再找看看！」

「這個也是！」（如圖5）

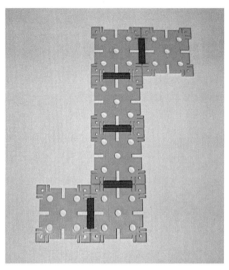

（圖5）

找出六方連塊的組合

「爸爸！看來正方體的展開圖真是不少！可是我覺得這樣的找法雖然容易，但如果想找到所有的展開圖，很難保證沒有漏網之魚。」

「你的想法很好！接下來你打算怎麼做呢？」爸爸總是不一次給足所有的答案。

「……換個方法試試，是否可以先尋找出所有六個正方形所連接起來的六方連塊之後，再逐一篩選，只留下可以成為展開圖的圖形呢？」

「嗯！這是一個很不錯的方法。可是，你能想像的出來，六方連塊的組合有多少種嗎？」

「那倒是！……」

「不要緊！爸爸記得有一本書，書上記載著六方連塊的所有組合！很可能在這堆書裡……啊！找到了！」（如圖6）

「……共有35種不同的組合，那到底哪些六方連塊圖形是正方體的展開圖呢？」

「你慢慢研究好啦！爸爸還有事情要忙！」

「嗯！有了這項祕笈，我一定能將正方體展開圖一一找出！」

爸爸微笑地點點頭。

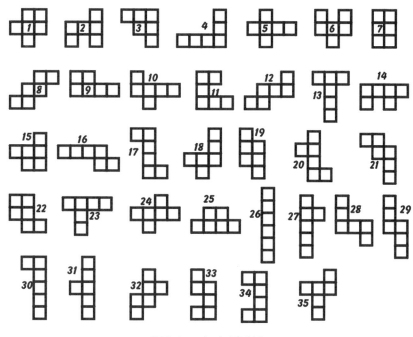

（圖 6：六方連塊）

◀動手玩時間▶

請參考圖6，動手找出所有正方體的展開圖。總共有11個喔！

◀參考答案▶

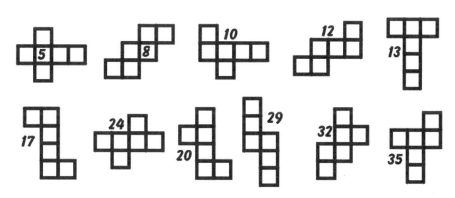

（圖 7：11 個展開圖）

利用六方連塊的組合圖，來找出所有的正方體展開圖，真的不是難事。只要使用組合板拼出每個六方連塊之後，然後一一驗證該圖形是否可以組成一個正方體即可。只是六方連塊的組合圖一共有35個，如果在驗證之前，就能『看出』那個六方連塊是不行組合成正方體，

這樣或許就能少花一些時間在嘗試錯誤上了。

　　要能『看出不行』，就得先試著研究一下正方體的結構。正方體是有一前就只有一後，有一上就只有一下，有一左就只有一右。依據上述的原則推論，凡是包含圖8～圖11中圖塊的六方連塊，是絕對無法組成一個正方體的。

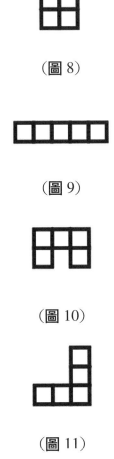

(圖8)

(圖9)

(圖10)

(圖11)

　　編號1,3,7,9,15,19,22,25的六方連塊包含圖八的圖塊；編號26,27,30,31包含圖九的圖塊；編號2,6,11,14,33包含圖十的圖塊；而編號4,18,23,28包含圖十一的圖塊。於是乎，35個六方連塊最後紙剩下5,8,10,12,13,16,17,20,21,24,29,32,34,35這14個編號的六方連塊是有可能構成正方體的。從14個可能性中找出11個展開圖的答案，應該就不需要花太多時間完成了。

　　發現與歸納『類型』可是重要的數學應用喔！

菱形圖案蘊藏玄機

隨著週休二日的全面實施，寶哥的爸爸更有時間留在家裡整理新居了。從擺設到裝飾，皆不假他人。親友也不吝提供各自所累積的寶貴經驗以供參考與協助。

※　※　※　※　※　※　※　※　※　※　※　※　※

「新居總算是整飾得差不多了。」爸爸鬆了一口氣說道。

「爸！連續幾個星期都在忙著搬家，我們可否利用今天難得晴朗的週末假期，到社區附近走走，順便了解周圍的環境啊！」

「哥哥想出去玩，對吧！」

「嘿嘿…」

「這是個好主意！就這麼決定了！哥哥，蕊蕊！我們出發吧！」

「好棒啊！」蕊蕊興奮地跳了起來。

※　※　※　※　※　※　※　※　※　※　※　※　※

「咦！爸！你看！這兒的公園裡種植有一叢紅色美麗的花兒，叫什麼名字呢？」蕊蕊最喜歡研究植物了，對於沒見過的植物，忍不住就會發問。

「這是……」

自然界暗藏玄機

「小妹妹，這是朱槿花呀！這種花挺有意思的喔！在花托內，可是藏有玄機呢！……」就在爸爸回答蕊蕊問題之際，一位熱心的年輕女孩走來，並說出了問題的答案，接著小心翼翼從花朵的花托部位，將花摘了下來。

「小妹妹，你瞧，花托內有什麼？」

「我看看……好像是一種透明的液體。」

「這可是花蜜喔！蕊蕊！你可以用舌頭嚐嚐。」爸爸補充說道。

「是嗎？……那我試試看，……真的耶！」

「爸！甜甜的，的確是花蜜！」寶哥見狀，隨即也取下一朵花，自行研究起來：「這位

姊姊真有學問，我叫寶哥，這位是我爸爸，還有我妹妹……」

「小妹妹叫蕊蕊對嗎？小哥哥你好！你叫我晴姊姊好了！」

「這位姊姊不但有學問，心思也挺細膩！我們就住在這個社區四號的九樓。」爸爸說道。

「咦！我們住在同一幢大樓。很幸運地有兩位聰明靈巧的小兄妹做我的鄰居呢！」

「那兒的話，有美麗大方又有學問的晴姊姊當鄰居才是我們的福氣呢！」寶哥眼睛瞇成一線笑著道。

「寶哥不但反應敏捷，也很會說話喔！」晴忍不住笑了起來：「你們新搬來不久吧？」

「是啊！晴姊姊！我們正打算附近逛逛！」蕊蕊親密地稱呼晴姊姊。

「蕊蕊！那姊姊當導遊，帶你們逛逛好啦！」

「好棒喔！麻煩姊姊帶路……」

「首先介紹這裡的建築。我們這個社區雖屬國宅，大樓外觀設計不算典雅，可是大樓牆上瓷磚所裝飾的花樣，可是挺有趣的喔！……」

「是不是像那樣…」從寶哥手指所指的方向望去，可見到大樓牆上有著類似菱形的圖案（如圖1）。

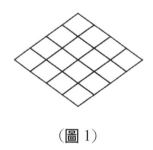

（圖 1）

「對！像那樣！那樣的圖案在建築上可不多見喔！裡頭的圖案也如朱槿花一般內藏玄機。」

「是嗎？這圖案裡頭也藏有花蜜嗎？」

數數看有幾個菱形

「噗哧！寶哥真是淘氣呢！姊姊指的玄機是這個大菱形中含有許多你想不到的更多的菱形喔！」

「晴姊姊說得對！哥哥最貪吃了……姊姊，在這圖形中，我看出除了本身的大菱形以外，一共還有1,2,3,……,16，16個，加上本身的1個，共有1＋16＝17個菱形對吧！」蕊蕊滿意自己回答問題的機智，似乎更滿意自己能適時嘲弄哥哥的本事！（如圖2）

（圖 2）

「我才不是只會注意吃的問題。蕊蕊太大意了！其中的小菱形何止只有表面上那16個呢！既然是內藏玄機，這圖案裡還存在許多小菱形！你瞧！在這個圖案裡有許多由四個小菱形組成的較大菱形呢（如圖3）！」

（圖 3）

「真的耶！哥哥你真是不賴！我數數看這樣大小的菱形有幾個……1,2,3,4……9，共有9個呢！哇！在這個圖案裡，我們一共找到1＋16＋9＝26個菱形了！」

圖形中存在規律

「蕊蕊也不賴啊！又多找到9個菱形了呢！可是，你有沒有發現到，在你數數的過程當中，存在有某種規律喔？」

「有嗎？」蕊蕊不禁好奇地問。

「是啊！你剛剛是不是這樣數的。……1,2,3」（如圖4）

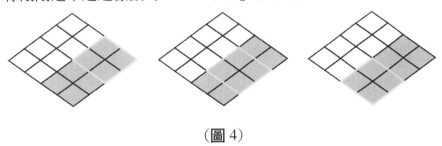

（圖 4）

「同樣地，這樣也有三個！」寶哥接著說：

「如果每兩排一組的話，一共就有是3組，而每組有三個由四個小菱形所組成的菱形，所以共有3×3＝9，9個菱形啊」（如圖5）

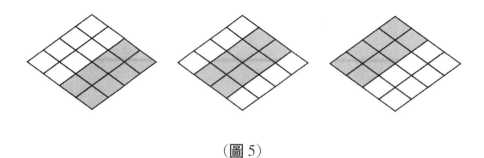

（圖 5）

「原來可以這麼解釋這9個菱形的由來啊！那先前的16個小菱形也可以這麼算：共有四排，每排4個小菱形，所以有4×4＝16個小菱形對吧！」蕊蕊頓時恍然大悟：「有4×4，3×3，好像還少點什麼呢！……有4，有3，可是沒有2耶！」

「先別急！我們還少算更大的菱形個數呢(如圖6)！」寶哥說。

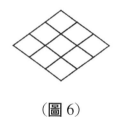

（圖 6）

「對喔！這個我會…如果每3排一組，在這圖形中，就有兩組。而每組都各有這樣的菱形2個。所以是2×2，共有4個。我又找到四個了耶！」(如圖7)

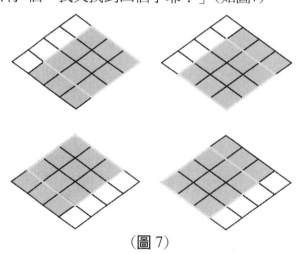

（圖 7）

「這回你可開竅了！蕊蕊。那原來的大菱形只有一個，你如何解釋呢？」

「難不倒我。只當它是只有一組，每組一個，所以是1×1，共計1個呀」

「所以結論是這樣的菱形圖案分別有4×4，3×3，2×2和1×1，共計30個菱形對吧！」寶哥綜合兩人討論的結果：「晴姊姊，我們說對了嗎？」

「很正確！如我先前所言，真是一對聰明靈巧的小兄妹呢！」

「爸爸！你覺得呢？」寶哥生怕剛才的推論遺漏了些什麼。

「你們說得很完整！正如晴姊姊所說的，這個圖案可真是內藏玄機啊！」

「哇塞！我真的越來越喜歡我們的社區了！」

◀動手玩時間▶

請你算算看，有多少個菱形藏在圖8的圖形裡？

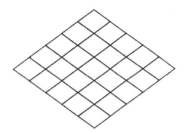

（圖8：5×5的菱形）

◀參考答案▶

$5 \times 5 + 4 \times 4 + 3 \times 3 + 2 \times 2 + 1 \times 1 = 55$

共計55個菱形

數說心語

「數數」這類的問題，當題目個數較少的時候，譬如文中數 4×4 菱形圖案中的菱形個數，直接透過數數或許還能夠得到正確的答案。可是若了解 5×5 的菱形圖案中有多少的菱形個數的話，可以想見不停地數，常會數到昏天暗地，數到沒有把握。將數數透過有意義且彼此不重複的類別進行「分類」，然後依照各種類別進行數數或是計算的活動，不但事後易於檢查是否有誤，也可以發現猜想或類推的法則。譬如將本題加以類推至 n×n 的菱形圖案中有幾個菱形的問題，很容易地可以推測出，菱形個數的答案應是 $n \times n + (n-1) \times (n-1) + \cdots\cdots + 3 \times 3 + 2 \times 2 + 1 \times 1$ 的結果。

猜謎冠軍

隨著元宵節的到來，在所有的傳播媒體上，皆不時能夠看到許多有趣的燈謎。從報紙上，蕊蕊見到一道燈謎，令她百思不解，想了許久，忍不住想找幫手求助：「哥哥，這道燈謎實在令人匪夷所思耶！『九十九，猜一字』。我實在想不出來呀！」

「……九十九，不就是一百減一嗎？將『百』字拿掉個『一』字，你想結果會是什麼？白妹妹？」

「結果是白……嘔！你罵人！」瞥見蕊蕊口中念念有詞的同時，仍張牙舞爪地衝了過來，寶哥連聲道歉地說：「對不起啦！其實這題難怪你猜不出來，因為這實在是太難了，不要生氣啦！……對了！今天是元宵節，晚上社區公園舉辦猜燈謎活動，不如我們一塊去參加好嗎？」

「好耶！我們找晴姊姊一塊去！這樣勝算會更大。」得知活動訊息後的蕊蕊興奮了起來，想到要邀晴姊姊一塊兒參加猜燈謎晚會，便暫時將剛才的事拋到了腦後。

「這樣也好！不如請晴姊姊先來我們家，為我們惡補一下猜燈謎的技巧。」

「贊成！我去打電話。」

※　　　※　　　※　　　※　　　※　　　※　　　※　　　※　　　※　　　※　　　※　　　※　　　※

大膽假設　小心求證

「晴姊姊，請進！」聽到門鈴聲後，蕊蕊連忙跑去開門。

「哇！你們家好漂亮啊！蕊蕊、寶哥，你們好。什麼事情那麼緊張，非得需要姊姊趕緊過來？」

「是這樣子的啦！今天是元宵節，晚上有燈謎晚會，我們想請姊姊幫我們惡補一下，讓我們猜對，得到大獎啊！」簡單幾句話，寶哥道出事情的原委。

「喔！是這樣的啊！這可真是難事一樁呢！你知道嗎？不論是猜燈謎或是參加任何比賽，藉由臨陣磨鎗，往往都很難有好的成績的！這可是需要平日對於這類活動常下工夫才行。」

「那麻煩大了！是不是今晚的活動就這麼算了，明年再參加好了？」蕊蕊顯得有點沮喪。

「也不能這樣想，無論結果如何，總是多一個難得的經驗。更何況，活動本身就是一種樂趣，我們別輕易錯過！」晴姊姊連忙導正蕊蕊的錯誤觀念。

「晴姊姊說的很對！猜燈謎活動，我們是志在參加！得不得獎，倒還其次。不過既是猜謎，掌握有效的思考方法是否重要呢？如果沒有思考方法，問題一來，就容易腦袋一片空白，那不是註定與答案無緣了嗎？」寶哥提出他的看法。

「說得很對！猜燈謎和其他的推理活動應有共通之處吧！雖然猜謎包含很廣，與古今中外的歷史、成語或文字等題材皆有關，可是『大膽假設，小心求證』應該是必備的基本態度吧！」

「平日爸爸都用數學的題材訓練我們的思考能力，不知是否對猜燈謎有幫助？」蕊蕊對猜燈謎實在沒有把握。

「應該有的！蕊蕊不必太擔心！」晴姊姊安慰著說。

「晴姊姊，你可以舉例說明一下，要如何『大膽假設，小心求證』嗎？」寶哥接著繼續問道。

「今天是傳統的民俗節日，姊姊就舉一個古代的算學問題的例子來說明好啦！古代有一本書，名叫『孫子算經』，裡頭就記載著有一類叫做『雞兔同籠』的問題。你們聽過嗎？」

「有點印象！我記得是古代一部記載著許多數學問題和解法的書籍，是嗎？」

雞兔問題　仔細推敲

「嗯！『雞兔同籠』的問題大概是類似這樣：一個籠子不知關著各有幾隻雞和幾隻兔。結果數一數，發現頭一共有25個，而腳卻有76隻。請問籠子裡，到底關了幾隻雞？幾隻兔？」

「這個問題聽起來，真有點像是在猜燈謎耶！」蕊蕊聽完問題後說道。

「如果要『大膽假設』的話，應指的就是放膽地決定雞和兔子的數目各是多少。」寶哥已開始動動小腦袋了。

「我假設雞有一百隻，兔也有一百隻。」蕊蕊插話說道。

「哇！蕊蕊膽子也太大的吧！所謂『大膽假設』，假設的結果也不能違背問題的條件啊！該問題的第一個條件就是：雞和兔一共有25個頭，你的假設結果是頭共有幾個呀？」晴姊姊提醒蕊蕊。

「200個頭，太離譜了！……那我改成雞有10隻，兔子應有……15隻好啦！這樣總符合題目的意思：25個頭了吧！」蕊蕊很快速地將答案修正過來。

「很好！蕊蕊，根據你的假設性答案：雞有10隻，兔子有15隻，這樣已經符合共有25個頭的條件。有了假設性答案後，接下來的工作是『小心求證』了。姊姊先問你們，問題當中，還有哪一個條件沒有用到呢？」

「對不起，插個嘴！是所有的腳一共有76隻吧！」寶哥肯定地說。

「答的好！接下來，我們要『小心求證』這樣的答案是否符合一共有76隻腳這一個條件啊！」晴解釋道。（如圖1）

10 隻　　　＋15 隻　　　⇨ 76 隻腳？

（圖 1）

「我算算看：雞有10隻，計有10×2＝20隻腳，而兔子有15隻，計有15×4＝60，計有60隻腳。所以共有20+60＝80隻腳。咦！問題中腳的數目應是76隻才對，超過了4隻！所以我原來所假設的雞與兔的個數是錯誤的，對不對？」蕊蕊對於原先的假設，做了結論。

「是啊！所以是否應該修正原來雞與兔子的個數呢？」晴姊姊補充敘述：「嗯！先前所假設的結果，造成腳的個數太多。你認為應該減少雞還是兔子的個數才對呢？」

「是兔子！當雞個數減少一隻，也就是減少2隻腿，而由於雞和兔子的總數仍然為25隻，所以兔子個數就因為雞的減少而增加一隻，同時就會增加4隻腿。如此腿的總數因先減少2隻，而後增加4隻，最後反而增加2隻腿。」寶哥又忍不住地連忙提出他的看法：「因此雞的個數如果減少的話，會使腿的總數增加的，這可不是我們所希望的呀！所以說，我們應該減少兔子的個數才是！」（如圖2）

多 1 隻　　　＋少 1 隻　　　⇨ 少 2 隻腳？

（圖 2）

「那就讓兔子少一隻好啦！我猜兔子有14隻，雞有11隻。那麼腿的個數一共是：14×4＝56，11×2＝22，總共有56+22＝78隻腿。哇！腿的個數又超過了！」蕊蕊急中生智：「兔子的個數還是太多，再減少一隻好了。如果兔子有13隻，則雞有12隻。重新計算腿的總數⋯。啊！賓果，總數為76隻，答對了！」（如圖3）

12 隻　　　＋13 隻　　　⇨ 76 隻腳？

（圖 3）

「蕊蕊答得很好耶！這樣的話，對於今晚的猜謎有沒有信心了呢！」晴姊姊笑著說道。

「我覺得我更有信心了呢！今晚我一定會努力做一個猜謎冠軍。」

另一種速算法

「我就說蕊蕊真的很聰明嘛！不過在此，我想補充一下個人的一點小小的意見。」寶哥這回小心翼翼地，先給足蕊蕊的面子，然後說道：「當蕊蕊假設雞的個數是10隻，兔子的個數是15隻時，結論是腿的總數多了4隻。先前已討論過，如果兔子個數少1隻，則腿的總數就會跟著少2隻，對吧！」

「如此就能推測出，如果要讓腿的總數少4隻的話，4÷2＝2，也就是必須要少掉2隻兔子才行。所以兔子個數應為15－2＝13隻，而雞的個數則為25－13＝12隻。」

「是！是！是！聰明的哥哥，先前的事就原諒你好了！」

「哇！你還沒忘記啊！……」

◀動手玩時間▶

古代《孫子算經》一書中的「雞兔同籠」問題的原文是這樣寫的：「今有雞兔同籠，上有三十五頭，下有九十四足，問雞兔各幾何？」大意是：籠子裡關有雞和兔子不知各幾隻，只知其中一共有35個頭，94隻腳，請問到底關著幾隻雞和幾隻兔子？

◀參考答案▶

答：23隻雞，12隻兔子。如果大膽猜測35隻都是雞，這當然不正確，因為共有35×2＝70隻腳。腳的總數不足94－70＝24隻。於是修正答案，就拿雞來換兔子。一隻雞換一隻兔子，總隻數不變，但總腳數將會4－2＝2，多了2隻腳。那麼將不足的腳數24÷2＝12，共拿12隻雞換12隻兔子，便能使總腳數多出24隻來。如此雞的隻數變為35－12＝23隻，即符合題意。

數說心語

1. 像「雞兔同籠」這類的文字題，在高等數學中稱為二元一次聯立方程式的問題。由於問題中的變數或不定數有兩個，而提示也有兩個，因此可以透過符號代數來求出問題的答案。以「動手玩時間」的問題為例，可以設雞的數目有x隻，兔的數目有y隻。根據第一個提示：

頭數是x＋y＝35，而根據第二個提示：腳數是2x＋4y＝94。於是可以列出如下的聯立方程式：

$x＋y＝35$

$2x＋4y＝94$

思考的過程即在列出聯立的代數式後便宣告結束，剩下的只有代數計算的問題了。而計算不過是技巧熟練的展現。如果我們因很久沒有接觸數學而遺忘符號代數的解題技巧與計算能力，那麼我們還剩下了什麼？

2. 代數的英文是algebra。algebra就是拉丁文的al-jabr，出自阿拉伯數學家阿爾花拉子模(Al-Khwarizmi，第九世紀)的一本代數著作的書名(Hisab al-jabr w'al muqabala)，是「還原」(restoration)的意思。書中所用的代數沒有涉及符號法則和文字係數，而解題的過程也都是以文字敘述，多是將等號視為天平平衡的結果，然後逐次解開未知數。後來才由義大利數學家卡丹(G. Cardano, 1501-1576)發揚光大，這種方法稱為「阿爾熱巴拉法」。後來又產生了所謂的「阿爾熱巴拉新法」，這種方法源自法國數學家維達(F. Vieta, 1540-1603)著作的《解析方法入門》(Introduction to Analytic Art，1591-1595)，「符號代數」(symbolic algebra)則是「阿爾熱巴拉新法」的主旨。

3. 在西方數學史上，符號代數在十六世紀末被發明之後，大約花了將近一世紀的時間才逐漸被數學家廣泛接受。這些西方數學家無法了解符號演算的意義應該是主要原因。所以說，學習符號代數需要比較成熟的數學心智。

4. 能夠藉由假設性的改變題目中的數量關係增加對題意的理解，然後尋找策略，逐步逼近答案，這才是最可靠的解題方法。嘗試這樣的思考方式，不但能使思考變得有趣，更能提昇解決問題的能力，對符號代數的學習也會很有助益的。

找出 2 和 3 的倍數

「可惡！為什麼那題燈謎的答案不是我想的那樣？還真是不服氣啊！」自從前幾天參加猜燈謎晚會的節目回來之後，蕊蕊的火氣至今似乎仍未平息。

「大小姐，你是噴火龍嗎？」

「什麼意思？」

「火氣還真大耶！這件事過了那麼久了，還沒消氣啊！」寶哥實在是忍不住地開蕊蕊的玩笑。

「你……還氣我！」

「是誰在生氣呀？」才一進門，下了班後的爸爸立刻聽見有人氣急敗壞的嘶吼聲。

「就是妹妹啊！在前幾天的猜燈謎晚會中，有一題的答案不是妹妹所預料的，就氣到現在。」

「我當然生氣啊！我的答案有什麼不好呢？」蕊蕊理直氣壯的說。

「等一下，我聽得一頭霧水！你們誰能告訴爸爸，燈謎的問題到底是什麼？」

「就是kitty貓的時鐘啊！」

「不是啦！爸爸問的是燈謎問題，不是獎品！」寶哥沒好氣地說：「燈謎是『2、4、6、8、10，猜一成語』」

「蕊蕊的答案是什麼？標準答案又是什麼？」

「我的答案是『成雙成對』，可是正確答案是『除惡務盡』。」

「蕊蕊，可不可以解釋一下你的答案呢？」

「可以啊！2、4、6、8、10，這些數都都能2個一組，沒有剩下，所以我說是『成雙成對』啊！」蕊蕊陳述她的看法。

「也很有道理！那應該如何解釋標準答案才好？」爸爸接著問道。

「……」

「我想是拿這些數除以2之後，餘數都是0。也就是除以2皆能除盡的意思吧！」寶哥提出他的見解。

「原來這個謎底是藉由『惡』與『2』同音，借字所得到的結果。聽起來似乎挺有道理的！」爸爸接著說：「蕊蕊的答案似乎太理所當然了，彷彿缺少了燈謎應有的那種神奇的特性。」

「好像有那麼一點道理。」蕊蕊平心靜氣地說：「這些數的確都是除以2以後，務必除盡的數！好吧！我同意『除惡務盡』這個解答也還不錯啦！」

找出 2 的倍數的特徵

「還不錯而已？這個答案簡直是妙透了！爸爸，我覺得『除2務盡』的數也就是2的倍數。2的倍數是很好辨認：不論哪個整數，只要這個數的個位數是0,2,4,6,8中其中一個數的話，那麼這個整數就一定是2的倍數。可是『除3務盡』的數，是不是也同樣具備某種特徵呢？」就在蕊蕊認同答案之際，寶哥提出另外一個問題。

「你的問題是不是說：有沒有一種簡便的判斷方法，在不需要將任一整數直接除以3的情況之下，就可以知道這個數能不能被3整除(註)？」

「3的倍數有沒有像2的倍數一樣，可以透過個位數的數值，來判斷這個數是不是3的倍數？」

「要討論這個問題，還是從2的倍數開始談起比較容易明瞭！你知道為什麼所有2的倍數的整數都具備個位數是0,2,4,6,8的特徵嗎？」爸爸說：「從除法的觀點來看：2的倍數就是能被2整除的數，也就是能將該數量的物品，均分為2堆，而沒有剩下，對不對？」

「沒錯！這個我知道！譬如說：將64顆糖果分配給哥哥和我2個人，每個人都可得到相同的數量，一顆糖果也不剩，所以64是2的倍數。」蕊蕊插嘴說道。

「說得很好！舊曆新年剛過，蕊蕊糖果還沒吃夠嗎？」爸爸一邊笑，一邊接著蕊蕊的話說道：「就舉64這個數字來說好了！我們可以利用十進制的特性，將64顆糖果分成兩個數量：60顆糖果和4顆糖果。60顆糖果是是10顆糖果的6倍，而10顆糖果可以均分給2人而不剩下任何糖果，所以60顆糖果一定也可以均分給2人，對不對？(如圖1)」

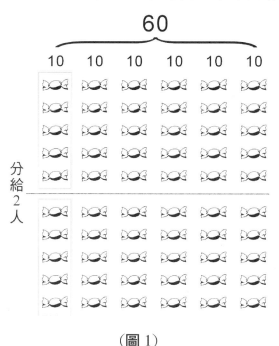

（圖1）

「是啊！所以還剩下4顆糖沒有分……。喔！所以64是不是2的倍數，關鍵就在於個位數4是不是2的倍數，和其他位數是多少，一點關係都沒有，對不對？」寶哥似有所悟：「這也就是說：一個整數的個位數如果是2的倍數的話，不管這個整數是多少，就一定是2的倍數了！」

「因為0,2,4,6,8都是2的倍數，所以如果一個整數的個位數是0,2,4,6,8的其中一數，那這個整數自然就是2的倍數了。」蕊蕊補充說道。

「嗯！你們的反應很快。」

怎樣判別 3 的倍數

「那3的倍數可以這樣思考嗎？」蕊蕊急著問道。

「3的倍數嗎？依樣畫葫蘆試試！就拿64顆糖果為例，要想了解64是否為3的倍數，可將64顆分成60顆和4顆。而60顆糖果是10顆的6倍，然後將10顆糖果分給3個人，會剩下1顆糖，然後……我就不知道了。（如圖2）」寶哥嘗試套用先前的思考策略。

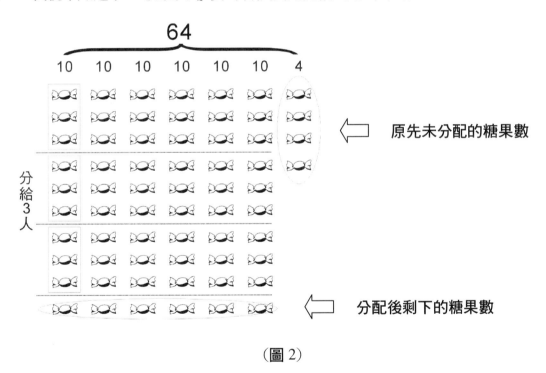

（圖 2）

「然後就會有6個1顆糖果剩下來啊！」爸爸提示寶哥。

「所以利用這種方法將64顆糖果分給3人的話，先是剩下的6顆糖，然後和先前未分的4顆，一共會剩下10顆糖果。喔！我知道了，也就是說，我們可以用6和4加起來的結果來決定64是不是3的倍數。如果6+4是3的倍數，那麼64也會是3的倍數！（如圖3）」寶哥恍然大悟。

分配後剩下的糖果數 6 顆＋原先未分配的糖果數 4 顆的總和

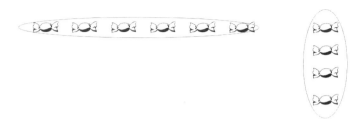

⇨ **可用來決定 64 顆糖果是否是 3 的倍數**

（圖 3）

「咦！這麼看來，要判斷一個整數是否為3的倍數，似乎有必要把這個整數的所有的位值一併列入考慮呢！」寶哥喃喃自語：「試試大一點的數好了！如果有476顆糖果要分給3個人，可先分成470顆和6顆。然後先把470顆想成是10顆的47倍，再把10顆分給3人，就會剩下1顆，一共會剩下47顆。最後再將剩下的47顆糖果，再加上先前剩下的6顆未分的糖果，可以繼續分給這3個人。所以我們可以用47+6來判斷476是不是3的倍數。如果47+6是3的倍數的話，那麼476也會是3的倍數了。」

「這也是一種方法，不過如果試試把476想成是4個100,7個10和6呢？」

位值相加就可以判定

「那就是說有4個100顆，7個10顆和6顆囉！先把100顆分給3人，剩下1顆，那麼4個100顆，就會剩下4顆。然後再把10顆分給3人，會剩下1顆，而7個10顆，就會剩下7顆。把這兩次剩下的糖果數和尚未分的糖果合起來，也就是還有4＋7＋6顆尚未分了。」寶哥再接再厲：「完全明白了！要想判斷一個整數是不是3的倍數，只要先把這個整數的所有位值加起來，如果總和是3的倍數的話，那麼這個整數也就會是3的倍數了！（如圖4）」

「沒錯！凡是所有位值加起來的總和，能被3整除的整數，這個整數就必定是3的倍數。」爸爸做個總結。

「我可是愈聽愈模糊了。哥哥，既然你這麼懂得分糖果，那你那裡還有一些糖果，是不是也可以分給我嗎？」蕊蕊說。

「別想……」

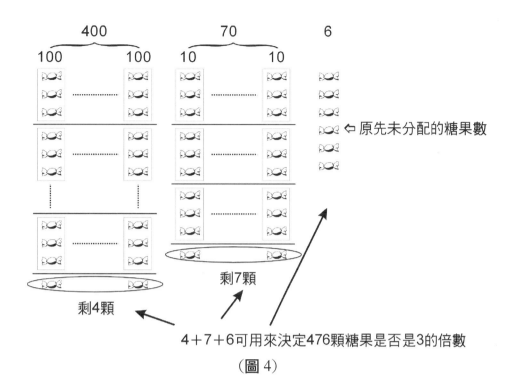

400   70   6

100   100   10   10

⇦ 原先未分配的糖果數

剩7顆

剩4顆

4＋7＋6可用來決定476顆糖果是否是3的倍數

（圖4）

◁動手玩時間▷

是不是也有一種簡單的判別法，可以判斷一個整數是不是9的倍數呢？

◁參考答案▷

有的。舉例來說，7658這個數是不是9的倍數呢？先別急著除除看。可試著將7658聯想成7658個糖果。將7658個糖果分給9人，怎麼分？可先把7658想成1000顆有7個，100顆有6個，10顆有5個，以及8顆。

然後再將1000顆糖果分給9人，會剩下1顆，所以7個1000顆，會剩下7顆。

再將100顆糖果分給9人，會剩下1顆，所以6個100顆，會剩下6顆。

再將10顆糖果分給9人，會剩下1顆，所以5個10顆，會剩下5顆。

別忘了還有原先的8顆尚未分。

根據這樣的分法，最後會剩下7＋6＋5＋8顆糖果。如果將這個總和26分給9人，而沒剩下的話，不就意味著7658是一個9的倍數了嗎？

因此，要判斷一個整數是不是9的倍數，可將這個整數的所有位值加起來，如果所有位值的總和是9的倍數的話，則這個整數就必定是9的倍數了！

註：

　　如果甲數和乙數是兩個整數，而甲數除以乙數後所得到的商數是一個整數，並且沒有餘數的話，我們就可以說：「乙數能整除甲數」，或是「甲數能被乙數整除」。這樣的說法，有些令人難以理解。為什麼不把話說成：「甲數能整除乙數」，或是「乙數能被甲數整除」呢？明明是甲數「去除以」乙數的啊！為什麼反而將甲數說成被乙數怎樣？

　　將抽象的整數視為帶有單位的單位量，或許就能易於了解。

　　如果甲數等於 10，而乙數等於 2 的話，則我們可以將 10÷2 這個沒有完成的算式，當作是「把 10 顆糖果均分給 2 位小朋友」，每位小朋友可以分得糖果數的一個「算式記錄」。

　　究竟 2 個人要怎麼分這 10 顆糖果呢？將 10 顆糖果分成 2 等分，然後每位小朋友一份即可。由於有「2」個人，所以必須將糖果總數分成 2 等分，迫使「10」顆糖果必須被均分。如果糖果沒有剩下，也就是「2」能把「10」給等分無剩。於是我們把單位量抽離之後，便說是「2 能整除 10」或是「10 能被 2 整除」了。

單位換算變變變

「咦？爸爸，最近電視節目與報紙上常常提到慰安婦事件，那是怎麼一回事啊？」

「『慰安婦事件』是發生在第二次世界大戰時，日本為了安定日軍軍心，而強迫臺灣的婦女執行的不人道的行為。」

「人類為什麼那麼喜歡發動戰爭呢？……」

「這個問題很複雜。每個人所能夠告訴你的，都只是片面的答案，我們必須依靠所有相關的史料，加上不偏頗的態度，才能將真相加以還原。」爸爸很嚴肅的說道，隨即話鋒一轉：「等你長大了，我們再繼續這個話題吧！」

「爸爸，難道大人的世界都是那樣的複雜，讓人不容易了解嗎？算了！我問爸爸另一個簡單的問題好了，今年的舊曆新年才剛過去，對吧？」

「是啊！有什麼問題呢？」

「為什麼今年又是蛇年？又是民國九十年？又是西元2001年？而且還是……『辛已』年？……」

「你說錯了，是『辛巳』年啦！今年的生肖年是蛇年，這是民間的說法。民國年則是因為我們的國號是中華民國，表示到今年為止，我們國家建國已經九十年了。至於西元2001年嘛，指的是西方國家所信仰的上帝耶和華誕生之後的第2001年。而辛巳年，也是民間曆法中干支年的一種說法。懂了嗎？」

「還是不太了解！為何同樣是今年，會有這麼多種說法？」

爸爸進一步說明：「這就好比說，在國外有些國家的度量衡單位是採行英制單位，而我們採的是公制單位。國外指的1英呎長的物體，對我們而言，指的是該物體有30.48公分長。」

正比例的換算方式

「爸爸的意思是說：我們可以將民國年與西元年當作兩個不同單位的數量囉？那麼這兩個不同單位之間，可以像英呎與公分之間一樣，彼此互相換算嗎？」

「可以這麼說！同性質但不同單位的『量』，彼此間都應該可以換算。如果是不同性質的量，如：長度和面積單位不同，彼此換算就不具有任何意義了。比如說，如果你問爸爸：『1公尺是多少平方公分？』，爸爸就會對你說：這個問題本身就有問題。」

「那麼兩個同性質的量之間要彼此換算的話，要注意什麼呢？」

「首先要確定的是，這兩個量之間的『單位量』是否相同。比如說：以『英呎』做單位

的量，1單位量指的就是1英呎的長度；而以『公分』做單位的量，1單位量指的就是1公分的長度。這兩個單位量的『長度』是不同的，我們都知道英呎比較長，1英呎＝30.48公分，那麼2英呎就應該等於30.48公分×2＝60.96公分。這兩單位之間的換算方式，是放大或縮小的換算，也就是正比例的換算方式。」（如圖1）

假設1公分是這麼長

↓

那麼，假設1英呎30.48公分就像這樣：

（圖 1）

　　「呵！這樣的單位換算，好像比較常見喔！」寶哥想到生活中有許多單位換算方式，就是屬於單位量之間的比例換算。

　　「是啊！一般如長度、重量、體積、容積、幣別等單位之間的換算，幾乎都屬於這樣的換算方式！」

　　「還有其他的換算方式嗎？」

平移的換算方法

　　「嗯！剛剛我們所談到的年代問題，就是另外一種換算啊！……」

　　「我想想……。以民國年來說，1單位量指的應該就是1年，而西元年的1單位量也是1年。它們同樣都是365天，時間都是一樣長的。所以1單位量都是一樣的，對嗎？」寶哥似有所悟的說。

　　「說得沒錯！由於民國年與西元年的1單位量，也就是1年，指的都是一樣久的時間，所以這樣的換算，就不屬於比例的換算了。」

　　「那麼民國年和西元年之間，到底是如何換算的呢？」寶哥心急起來。

　　「別急！」爸爸微笑的說：「首先你必須了解的是，我國是在西元1911年時，發生辛亥革命，推翻清朝以後所建立的國家，國號因此而更改為中華民國。為了順應國際環境的趨勢，所以以當時西元年代的第二年，也就是西元1912年，作為民國年的第一年，也就是民國1年。」（如圖2）

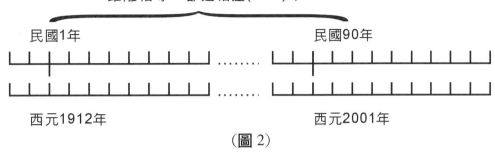

距離相等，都是相差(90-1)年

民國1年　　　　　　　　　　　　　民國90年

西元1912年　　　　　　　　　　　西元2001年

（圖2）

「所以民國1年是西元1912年，彼此相差1912－1＝1911年，因此民國90年，就是90＋1911
＝2001，所以今年是西元2001年啊！」寶哥馬上回答。

爸爸讚許的點點頭，接著補充：「像這兩個年代的換算，只要做個加減的調整，就可以
達到換算的目的，是屬於平移的換算。」

「呵！我懂了！所以基本上，單位換算的方法有兩種：一種是比例的換算方法，用來放
大或縮小數量；另一種就是平移的換算方法，透過加減法調整數量的大小，對嗎？」寶哥嘗
試將所學的加以統整。

兩者換算法結合運用

「差不多了！不過也有複雜的時候，譬如溫度換算，就必須結合這兩種換算方式同時考
量。」

「我知道溫度有分成華氏與攝氏兩種。」寶哥高興的說。

「是啊！溫度雖說都是以『度』為單位，但是我國施行的溫度制是攝氏單位，而國外有
些國家施行的是華氏單位。在同樣的溫度之下，華氏溫度的數量是攝氏溫度數量乘以 $\frac{9}{5}$ 再加
上32，也就是說華氏溫度＝$\frac{9}{5}$×攝氏溫度＋32。」（如圖3）

位移量為32

$$華氏溫度＝\frac{9}{5}×攝氏溫度×32$$

1個華氏單位量＝$\frac{9}{5}$個攝氏單位量（正比例放大）

（圖3）

「爸爸，我終於知道了！在各國之間，連施行的單位制度都各式各樣，有所不同，我們又如何期望所有的國家和種族，他們彼此的思想相同呢？難怪全球的戰爭不斷，紛爭不歇啊！」寶哥若有所悟的說。

　　「唉！的確如此！人類之間的思想儘管有所不同，但如果在思想上，彼此有個換算的方式，能在不同單位與數量之間，達到溝通的目的，或許紛爭就能減少一些吧！」

生生不息的干支年

「『西元2001年，歲次辛巳』。爸爸，這是否意謂著說今年的干支年是辛巳年呢？」一日，正當蕊蕊例行性地撕著日曆之時，赫然發現平常從未在日曆上留意的一句話。

「我來回答這個問題好了。妳說得沒錯！記得爸爸說過今年有幾種年次的說法，其中一種就是你說的辛巳年。」寶哥訴說著學校老師敘述過的歷史事件給蕊蕊聽：「在中國近代史上，有許多重大的歷史事件，就是用干支年來記載。譬如說：西元1894年的中日戰爭，就是在甲午年開打的，打到第二年戰爭結束後，清朝和日本在西元1895年便訂定了馬關條約。還有後來被迫簽下的『辛丑』和約與建立中華民國的『辛亥』革命都是以干支年命名的。」

「喔！這些歷史事件我也聽說過，只是不知道干支年是怎麼訂定的？為何西元1894年是甲午年呢？」

「這我可就不知道了，問爸爸吧！」寶哥聳聳肩表示不知。

天干地支　依序循環

「關於這個問題，可要追溯到黃帝時代了。相傳干支是黃帝的老師大撓所創的。他用十個天干與十二個地支有次序地各自選擇一個字相互搭配，藉以表示年代。」爸爸換口氣後，接著說道：「這十天干指的是『甲、乙、丙、丁、戊、己、庚、辛、壬、癸』，而十二地支則是指『子、丑、寅、卯、辰、巳、午、未、申、酉、戌、亥』。同時也訂定黃帝開國元年為第一個天干『甲』與第一個地支『子』組合成的『甲子』年，而第二年則以第二個天干『乙』與第二個地支『丑』表示為『乙丑』年，第三年則為『丙寅』，第四年為『丁卯』，以此類推，生生不息……。」（如圖1）

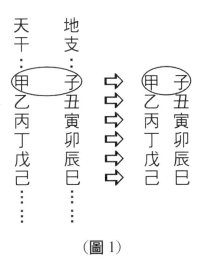

（圖1）

「我知道了！黃帝的第十年應該是『癸酉』年。可是天干只有十個，那第十一年又該怎麼表示呢？」

「爸爸不是說過生生不息的嗎？所以我覺得第十一年時天干應該又會重頭輪起，因此第十一年是『甲戌』年才對！」

「嗯！這樣每年不就都有一個干支年了嗎？」爸爸補充說道。

「喔！所以說干支年雖然是由兩個字組成的，卻是天干與地支各自循環排列而後所組成的。而天干年每10年一個循環，地支年則是每12年一次輪迴。這麼一來，不是過60年後就會重新回到『甲子』年(如圖2)嗎？是不是這樣？……」蕊蕊表達自己的推斷。

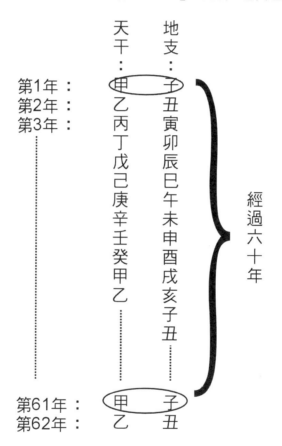

(圖2)

「蕊蕊說得沒錯，由於10與12的最小公倍數是60，所以每60年，干支年會重新循環一次。也就是說，黃帝元年是『甲子』年，黃帝61年也是一個『甲子』年，如果黃帝有這麼長壽的話。」寶哥伸伸舌頭，打趣地說。

「那不就表示『甲子』年有許多個囉！這樣史書上應如何紀年呢？」蕊蕊不解地說。

「問的好！這也是史書上為什麼不以干支年來記年，而輔以某朝代的國號、某君王的年號以及某年來紀年的原因。」爸爸補充說明。

「我懂了！電視上演的『雍正王朝』不是常演著：雍正幾年如何如何，就是這個意思。不過在看了之後，還是不明白那是距今多少年前所發生的事。」寶哥最愛看歷史戲了。

「是啊！『雍正』便是清世宗的年號。如果你夠細心的話，當課本或其他書籍上在描述某件史實的同時，也常會順便標示當時的西元年，為的便是讓讀者更加清楚該事件與現在的時空關係呢！」

「喔！這下我可有個大疑問了。黃帝到底是什麼時候開國的呀！」寶哥不禁迷惑起來。

「根據文獻記載，是在西元前2697年！」爸爸說。

計算年代　小心陷阱

「這麼說西元前2697年是黃帝元年，也就是『甲子』年。課本提到1894年是『甲午』年，我來驗證一下課本有沒有寫錯？」寶哥逕行做起歷史的驗證：「黃帝第二年是乙丑，第三年是丙寅……，這樣太慢了。每過一個60年，就又回到『甲子』年，也就是黃帝61年是『甲子』年，而這一年也是西元前2697－60＝2637年……。再過一個60年。西元前2637－60＝2577年也是『甲子』年……」（如圖3）

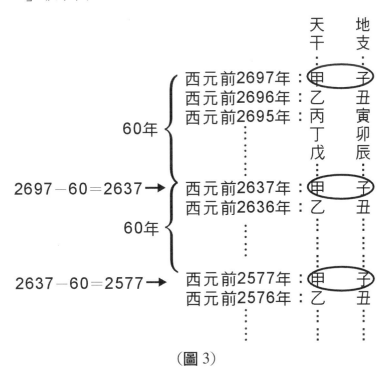

（圖3）

「嗯！沒錯！」爸爸讚賞地說。

「可是這樣做太沒效率。我們不妨修改一下計算的方式，也就是：遇上連減就用除法。2697÷60＝44……57。這表示西元前2697年往後推算了44個60年後，還剩下57年。也就是西元前57年也是甲子年。」（如圖4）

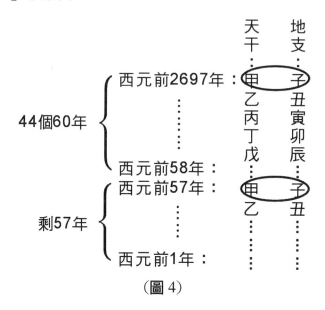

（圖4）

「哥哥好棒！然後呢？」蕊蕊期盼著寶哥的解答。

「然後將西元前57年再往後推算一個60年，就會跨過西元後了，也就是說60－57＝3，西元後3年也是甲子年，這樣對嗎？」寶哥心虛地問爸爸。

「也難怪你沒把握呢！這其中存在一個小小的陷阱。我先問你西元前57年和西元前1年相差幾年？」

「57-1，相差56年啊！」

「嗯！那西元前1年和西元1年又是相差幾年呢？（註）」

「應該沒有西元零年吧！所以相差1年。……這麼說西元前57年到西元1年只相差56＋1＝57年囉！60－57＝3，將西元1年再往後推算3年，也就是西元4年，才是『甲子』年。（如圖5）」寶哥這才明瞭，原來從西元前到西元後，年代差距算法是不同的。

「聽哥哥之前這麼分析，我也明白了！」這回輪到蕊蕊按耐不住了：「西元1894年中日戰爭到底是不是甲午年的答案快要揭曉了！既然西元4年是甲子年，1894－4＝1890，1890÷60＝31……30，由此可知，從西元4年算起，經過31個60年之後，再經過30年，便是1894年了。這表示西元1894年距離前一個『甲子』年有30年的時間，對吧？」

「對！所以說西元1894年的天干年是『甲』以後的30年，也就是30÷10＝3，沒有餘數，所以還是『甲』囉！而地支年應是『子』年以後的30年，也就是30÷12＝2……6，也就是『子』

以後的6年，丑、寅、卯、辰、巳、午…，所以地支年是『午』年。這表示說西元1894年還真是『甲午』年呢！」寶哥興奮地說。

「沒錯！你們都是傑出的小小歷史學家喔！」爸爸說。

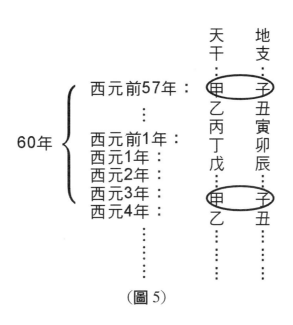

（圖5）

註：

　　西元後的記年法，其英文就是 AD（Anno Domini），是六世紀基督教的一位修道僧侶 Dionysius Exiguus 所創的。當時歐洲採用的記年系統來自羅馬城成立的時間（AUC），但由於當時在位的羅馬皇帝 Diodelian 迫害基督徒，於是他決定捨棄羅馬記年法的規定，而改以耶穌誕生計年代替。

　　這樣的記年系統遺漏了可以用來描述未滿一年的 AD 0 年。不過這是可以理解的，『0 年』這樣的表示法不但不存在於當時的其他曆法中，即使現在也看不見，更何況 0 這個數字並不存在於羅馬的計數系統。

　　八世紀有一個修道僧侶 Venerable Bede 發明了 BC（Before Christ）記年法，他將舊有的 AD 記年法加以延伸，定 AD 1 年的前一年為 1 BC（西元前 1 年），並以此類推。這個延伸的系統當然也保留了 AD 被提出的錯誤——忽略了 0 年，而產生一條沒有 0 的時間數線。

坪數大小有學問

　　三月是楊桃收成的季節，寶哥的爸爸有一位住在南投的朋友寧寧阿姨，邀請全家到南投採楊桃。爸爸心想，自從發生921大地震之後，就再也沒到過南投，不妨藉這次訪友旅行，讓寶哥及蕊蕊親自體會地震所帶來的影響，應會是一趟豐富的知性之旅吧！於是找個星期假日，開車帶全家人南下。

　　前往南投的指標清晰標示著里程數，寶哥隨時盯著車上的車速表盤算著，估計何時能夠抵達目的地。一路上路況不錯，大約三個半小時之後，就抵達了曾因921地震而聲名大噪的目的地－南投縣中寮鄉。

組合屋到底多大

　　「歡迎來訪！真不好意思，今晚要委屈你們住在組合屋裡了！」爸爸的朋友寧寧是921地震的災民，家裡的三部車輛被自家的房子倒塌後壓毀，所幸家人都無大礙。這次旅遊所居住的組合屋，是寧寧的好友所提供的，這位朋友提供土地建屋，於是得以分配到兩戶組合屋，也才有足夠的空間提供寶哥全家借宿一宿。

　　「寧寧阿姨，真是謝謝你了！請問前面一排排整齊的房子，就是組合屋嗎？」寶哥對所見的景象，充滿好奇。（如圖1）

（圖1）

　　「嗯！921地震後，震垮了許多鄉民的家園，幸虧許多民間機構出錢出力，建立了許多類似這樣的房屋，才使得許多鄉親有處得以棲身。」寧寧阿姨感慨的說，「我們到組合屋裡

面看看吧！」

「哇！實在難從組合屋的外面，想像屋內的格局會是什麼樣子！進門一瞧，廚房、飯廳與客廳，可是應有盡有耶！不過……空間似乎是小了一點了！」蕊蕊才一進門，就十分訝異的說。

「我們住的組合屋還算是大了呢！在空間運用上，除了有開放式廚房、飯廳與客廳外，還勉強隔了兩間臥房與一間浴室。有些地區的組合屋內，甚至只有9坪大呢！」寧寧阿姨解釋說道。

「爸爸，9坪是多大呢？這間房子又是多大呢？」蕊蕊對坪數一點也沒有概念。

「『坪』是一個面積的單位，常用來表示建築物佔地的大小。1坪相當於每邊6台尺或是6台尺見方的正方形的大小，也就是6×6＝36平方台尺。」爸爸停頓一下，接著說：「1台尺約為30公分，6台尺＝6×30公分，也就是180公分或1.8公尺。以公制的面積單位表示，1坪約等於1.8公尺×1.8公尺，也就是3.24平方公尺。現在你知道1坪約是多大的範圍了嗎？」

「我知道，邊長1公尺的正方形面積就是1平方公尺！」說著，蕊蕊張開雙臂，約略張出1公尺的長度：「那3.24平方公尺應該就有這麼大吧！」說罷便以步伐，在有限的屋內畫出一個區域。

利用地磚當計算工具

「爸爸！現在我大致可以體會1坪有多大了！可是我們又沒有帶尺出門，怎麼知道這個房子的大小呢？」

「數數地板上的地磚就可以知道了啊！」寶哥留意到地面上所鋪設的塑膠地磚。

「嗯！蕊蕊有沒有發現到：這間組合屋地板上所使用的地磚，形狀都是每邊30公分的正方形耶！也就是30公分見方大小呢！」

「哦！那我知道了！爸爸剛剛說過1坪等於36平方台尺，而1台尺又是30公分，正巧等於1個地磚的邊長。換句話說：1個地磚大小就是1平方台尺，那麼36個地磚就是1坪了。……房屋的長是1,2,……」只見蕊蕊從客廳一面走，一面數到廚房：「一共有24個。……接著是房屋的寬……」

「1,2,……」蕊蕊又回到客廳，接著一面數著，一面又走進房間：「房屋的寬有19個地磚。」

「蕊蕊說得對！屋內有24個地磚長，19個地磚寬，也就是屋內大小是24×19＝456個地磚這麼大，然後456÷36＝12.66……，這樣就算出屋內約為13坪了！這個房屋真是比我們34坪的家小很多耶！」寶哥接著說。（如圖2）

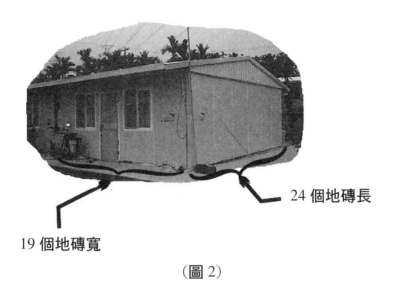

24 個地磚長

19 個地磚寬

（圖 2）

「是啊！我們居住的房屋的確不大，可是這還算是幸運呢！你們能想像有的災民，一家四口還住在只有9坪大小組合屋的景象嗎？」寧寧阿姨補充說道。

不合理的規定

「提到居住空間的大小，不禁使我想起一則小故事。」爸爸接著說道，「在清朝末年太平天國變亂之後，很多住在廣東的人民，跑到國外避居美國西岸，其中有許多華人離鄉背井到美國舊金山打工。西元1882年的『排華法案』頒行，舊金山市政府針對華人實施各種不人道的規定，而其中一種叫做『方尺空氣』法例，是由加州州議會通過的。法例中規定，每個人的睡房必須有500立方英尺的空氣，就是14.16立方公尺的體積。如果違反這項規定的話，不但屋主必須接受罰款或者是關到監獄中，房客則也要接受罰款。」

稍作停頓，爸爸繼續說：「但旅美華工大多窮苦，幾十人住在一個普通房間內是常有的事，根本不可能合乎這個要求，所以常有華工因此入獄。你們知道在這項法例中規定的睡房空間有多大嗎？」

「讓我想想，假設屋內的挑高是3公尺的話，那麼睡房面積至少要14.16立方公尺÷3公尺＝4.72平方公尺囉！那是不到1.5坪的面積啊！」寶哥想了一下，繼續說：「如果當時華工連這點要求都達不到的話，那他們的居住空間實在是太小了！」

「如果有能力的話，誰願意住在這麼小的空間呢？華工為了求生活，也是不得已。那一年，清朝有一名官員，名叫黃遵憲，奉命去美國做舊金山總領事，看到幾十個華人因此被關在同一獄房中，十分可憐。堅決邀請美國官員一起去監獄，黃遵憲當場要求美國官員也要給予每一華人一所須有500立方英尺的睡房。這麼一來，美國官員聽了非常慚愧，被迫把所有

因空氣法案被關的華人釋放，並廢除此一法例。」

「我常聽人說：『知識就是力量』，如果那位黃先生不知道500立方英尺有多大，也不能幫助當時可憐的華工了。」寶哥有所領悟。

「是啊！我們必須時時不忘培養自己的能力，才能在適當的時機，及時伸出援手，幫助他人啊！」爸爸補充說道。

「說得很對！休息夠了，不如一塊兒去吃飯，下午才有力氣採楊桃啊！」寧寧提醒大家時間快來不及了。

「採楊桃……！耶！吃飯去囉！」

數說心語

在台灣，無論是建物所有權狀或是土地所有權狀上的標示面積用的都是屬於公制單位的「平方公尺」。然而在民間房屋或建地買賣的議價方式上，仍然常常習慣用台制的「坪」作單位。

當我們走進一間房子時，若是想估測室內坪數的大小，如果手邊沒有捲尺，最常用的估測方法便是藉助室內所鋪設的地磚，作為測量工具。室內鋪設的地磚，常見的尺寸有邊長30公分或是邊長45公分的正方形兩種。1台尺約等於30公分，而1坪等於36平方台尺，也就是大約36個邊長30公分的地磚或是16個邊長45公分的地磚大。

這樣的估測方法對於室內坪數的估計有很大的幫助。能夠尋找適當的量作為單位量，作為解決問題的工具，能有助於簡化問題的複雜性。

我把平面圖形變成球

　　有一天，寶哥的父親買了一盒正多邊形的組合造型板給寶哥和蕊蕊。兩兄妹很喜歡他們的新玩具。

　　「嘿！哥，你瞧！這盒組合造型玩具有很多種圖形耶！」蕊蕊急忙打開她的新玩具後，興奮的說道。

　　「嗯！沒錯！這裡面有正三角形、正方形，還有正五邊形呢！……哇！這些圖形板都能組合在一起！」

　　「真的耶！我想組合一隻漂亮的小貓咪！」蕊蕊隨後便利用不同顏色與形狀的造型板，拼出一隻彩色的漂亮貓咪。

　　「嗯！做的真像耶！蕊蕊！你想不想試試看拼一些比較特別的立體形狀？」

　　「好啊！你說，怎麼組合？」

　　「只用同一種形狀來拼立體圖形，看能不能拼出什麼有趣的圖形！」

　　「只用同一種？」

　　「對！正五邊形比較特殊！你看我單單用正五邊形，你看我能拼出什麼？」寶哥隨後拿出三片正五邊形的造型板就拼了起來。

　　「哈哈！一頂帽子……」蕊蕊隨即搶走寶哥手中的圖形，在頭上戴了起來。「像極了文旦帽呢（如圖1）！」蕊蕊忽然想起來中秋節時候的剝柚子的遊戲。

（圖 1）

　　「喂！我還沒拼完啦！」寶哥有點生氣地奪回蕊蕊頭上戴的那頂「帽子」說：「別吵！我還要繼續往下拼呢！」接著，寶哥施展他俐落的巧手，眼見六個正五邊形的組合圖形已然形成（如圖2）。

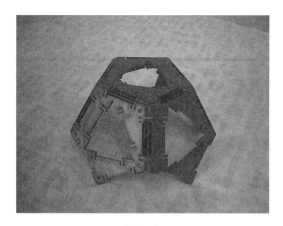

（圖 2）

「哇！更像一頂可以戴在頭上的帽子了呢！」

「女生就是女生！成天只想戴帽子！愛漂亮！你看，這個形狀像不像半個球？」

「你還不是只想著玩球！……咦！繼續用正五邊形來拼，或許真能拼出一顆球喔！……」隨即蕊蕊又冷不防的搶手寶哥手上未完成的圖形。

「喂！你小心點啦！……」

「我會小心啦！不就是將正五邊形一片一片組合起來嘛！……你看！我做出一顆球囉（如圖3）！」

（圖 3）

「真有你的！我考考你，這顆球一共是用幾塊造型板拼成的呢？」寶哥像個小老師似的，出題考試囉！

「我數數看！……1,2,3,……我知道了！12片正五邊形組成的。」

「嗯！那你知道這個球有幾個稜邊嗎？」

「哥！你說的是球稜線的地方嗎？我數數看：1,2,3,4,5,6……」這下由於稜邊數太多，

蕊蕊手忙腳亂起來了。

「……好像是30個稜邊吧！」

「不太肯定了吧！其實數目大了就不好數了，這時候可以用點小技巧。」

「喔？」

「是啊！我問你！一個正五邊形有幾個邊？」

「當然是五個邊啊！」蕊蕊一付不以為然的口氣。

「別急！那這顆球是用12個正五邊形組成的，一共應該有12×5＝60個邊才對。可是為什麼沒有這麼多邊呢？」

「對喔！……啊！我知道了」蕊蕊一邊說著一邊用小手指著「球」上用來聯結造型板的長條型連結桿說道：「你看！一個連結桿將兩個正五邊形的造型板聯結在一起，所以每兩個正五邊形的邊因此而重疊成一個邊了！……所以全部的邊數就沒有60個那麼多了，也就變成了60÷2＝30」

「不錯哦！反應挺快的嘛！」寶哥由衷地誇讚了蕊蕊一句。

「真是有趣極了！我還要組合其他的球！」

「別球球的叫著！你瞧！這個球狀的形體都是由正五邊形組成的，所以我們稱這種圖形叫做正十二面體啦！」

「喔！……快點！我們再繼續組合其他的球吧！……我要用正三角形拼拼看！」

「又說是球了！真沒辦法！正三角形？……對了！我們從這裡開始吧！」寶哥隨即拾起了六片正三角形解釋道：「你看！六片正三角形可拼成一個大的正六角形！這樣是不能構成一個立體的。我們將一個正三角形拿走試試……（如圖4）」

（圖4）

「嗯！好像有一點像個球的一部分了！我來試試看……」蕊蕊又搶走寶哥手邊的形體，

幾乎同時也拾起另一個正三角形拼了起來。

「哈哈！我又拼出一顆球了……」約過五分鐘，又見蕊蕊很得意的說道：「你看！這更像球了（如圖5）！」

（圖5）

「真的耶！你知道你一共用了幾個正三角形組成這顆球嗎？」寶哥也不自覺地贊同蕊蕊的話，同時提出另一個問題來！

「哇！……」這下子看來，面數越用越多了，真恨不得像八爪章魚一樣有許多隻手可以用。

「皇天不負苦心人！應該有20面正三角形吧！」

「算你厲害！那這顆球有幾個稜邊呢？你……」寶哥還沒把話說完，蕊蕊隨後插嘴接著說：「你可不可以不要用數的！對吧！」蕊蕊也開始覺得用數的方法來數邊數，真是太不方便了。

「嗯！」

「我想想看！……對了！20個正三角形總邊數應該有20×3＝60個，可是仔細看這顆球，又覺得稜邊數不可能有那麼多！……

「是啊！你看！一個連結桿聯結兩個正三角形的邊，所以每兩個正三角形會共用同一個邊。也就是說總稜邊數應該減少成60÷2＝30個邊！對吧？」蕊蕊反應敏銳地說。

「嗯！答對了！這顆球的確有30個邊呢！」

「什麼球！是正20面體啦！」蕊蕊冷不防糾正了寶哥一句。

「對啦！是正20面體！看你這麼聰明，那就給你看看我所收集的寶物吧！」寶哥神祕的說道：「可是不能給妳喔！」

「到底是什麼啦！」

「別急！我找找看……」只見寶哥從他裝滿各式玩具的櫃子中翻來翻去，似乎翻到了什麼：「哈哈！就是這個……（如圖6）」

（圖6）

「哇！這是我們拼出來的縮小球嘛！」

「這個叫做骰子啦！」

「哇！是正12面體和正20面體的骰子耶！……送給我……」

「不行！這是我的………」寶哥驚慌失措的守護著他的寶物，一面逃一面說著………

◀動手玩時間▶

在圖7中，右方的「球」就是正12面體，而左方的「球」就是正20面體的，突出的點就是它們的頂角。究竟這兩個形體各有多少頂角呢？除了用數的方法之外，能不能用算的？怎麼算？

（圖7）

◢參考答案▷

　　以正12面體而言，每面都是由正五邊形所組成的，12個面應該有12×5＝60個頂點。由於每三個面的接合能產生一個頂角，因此應有60÷3＝20個頂角。

　　同理，以正20面體而言，20×3＝60，60÷5＝12，共有12個頂角。

數說心語

1. 國外的數學教育很重視教具的操作，有許多不錯的教具都能做出正多面體。空間的架構是平面的延伸，其中有許多數學定理與空間的幾何造型有關，「尤拉定理」(Euler's Formula)就是其中一項。尤拉定理是說：在一個封閉的凸多面體內，頂角數u、面數f以及邊數e，有一個關係式u＋f－e＝2存在。以正12面體為例，頂角數u是20，面數f是12，而稜邊數e是30。您瞧，20＋12－30是不是剛好等於2。如果你手邊有類似教具的話，不妨可以任意創造一個多面體，玩味一下這個可愛的定理。

2. 如果不能夠發現正多面體的每個頂角都是由相同的面數所構成的現象，光是看著正多面體的圖片，還是很有可能拼不出正多面體的。建議您不妨想辦法找到能構成這類正多面體的組合板，並試著自行組合看看，這會是一件挺有趣的事喔！

田字方陣

「蕊蕊,你在玩什麼?」爸爸見到蕊蕊反覆地將撲克牌在桌面上時而排列、時而疊高,於是好奇地問。

「哦!我在算命!」

「用撲克牌算命?不會覺得無聊嗎?」

「就是無聊才用撲克牌算命,打發時間呢?」蕊蕊沒精神地回答說。

「喔!有一種撲克牌玩法,很適合一個人玩,你想不想學?」

「好啊!那你快點教教我!」

「嗯!你聽過『魔術方陣』嗎?」

「我聽過!學校老師說過:傳說大約在三千年前,夏禹治水時,在洛水裡出現了一隻大烏龜,龜背上刻有奇特的圖案,人們將他取名為『洛書』。經後人研究,發現這個圖案是代表1~9的數字所形成的三行三列的方陣。最神奇的是,在這個方陣中的每一行、每一列以及對角線上的數字和都是15。祖先們認為『洛書』是一個吉祥的象徵,所以有人都將它畫在紙上隨身攜帶,認為有保平安的效果。因此稱這個方陣叫做『魔方陣』。」(如圖1)

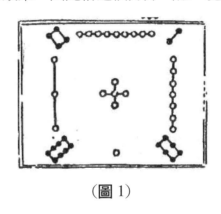

(圖 1)

「哇!瞧你滔滔不絕地說了一長串的,你懂得還不少喔!」

「嘻嘻!沒有啦!」

「古代人認為『魔方陣』的數字排列,具有很神奇的力量,所以也稱它為『幻方』。我們可以把三行三列的『魔術方陣』稱作三階魔方陣,或是三階幻方。」爸爸略作補充:「魔方陣要求數字排列的方式是每行、每列與每條對角線的和相等。如果我們將這個條件稍作變化,就會更有趣了喔!」

「要怎麼變化?」

「你有沒有發現,在3×3的方陣中有四個『田』字?」(如圖2)

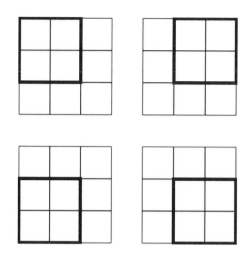

（圖 2）

「有啊！分別在左上角、左下角、右上角以及右下角各有一個『田』字形。」

「嗯！將1～9這九個數字放入這方陣裡，想想看，有沒有可能讓所有『田』字中的四個數字總和都相等？」

「很難肯定地說有或沒有吧！我想如果有可能的話，必須先了解這四個『田』字的數字總和可能會是多少。」蕊蕊說。

「說得很好！方陣中這九個數字的和是1＋2＋3＋……＋9＝45，平均數是45÷9＝5。每個『田』字都由四個數字所組成的。如果用5來代表每一個數字，5×4＝20，也許每個『田』字的總和是20的話，最有可能有答案。」

「那就試試看吧！」

話才說畢，蕊蕊使用撲克牌A、2、3、……、9分別代表1、2、3、……、9這九個數，不發一語地『佈起陣來』。約莫半晌，便找出一個『田』字總和是20的答案囉！（如圖3）

20

1	6	7
8	5	2
3	4	9

（圖 3）

「哈哈！這題被我破解了！那麼到底有哪些不同總和的方陣，可以用這種排列規則排列出來呢？」

「你覺得呢？」

「我覺得20有解的話，那麼比20大一點和小一點的數應該也會有解，試試19和21！」

這次，蕊蕊花了比較久的時間，才找出『田』字的總和是19與21的解答。（如圖4以及圖5）

19

9	5	3
1	4	7
8	6	2

（圖4）

21

2	9	1
4	6	5
8	3	7

（圖5）

「爸爸！難度越來越高了啊！我有一個疑問，是不是無論『田』字的總和是多少，都會有答案呢？」

「你覺得在三階方陣之中，每個『田』字的總和是1的話，會不會有答案？」

「當然不會！每個『田』字的數字和最少也必須是1＋2＋3＋4＝10！」

「那『田』字的總和可能是100嗎？」爸爸提出另一個更極端的假設。

「那更不可能了！四個數字和最多也只有9＋8＋7＋6＝30啊！我覺得『田』字的數字總和太大或太小，都不可能有答案。可是如何找出所有可能有答案的『田』字總和呢？」

觀察位置的特性

「你問到了重點！」爸爸語帶玄機地說：「先別急！不妨再仔細觀察一下：在這四個『田』字中，一共有五個位置是重疊的，對吧？」（如圖6）

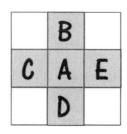

（圖6）

「嗯！然後呢？」

「其中A這個位置重疊了3次，而B、C、D、E都重疊了1次。所以無論『田』字的總和是多少，將4個『田』字的總和加起來，扣除3個A位置的數，再扣除B、C、D、E四個位置的數，結果應該等於整個三階方陣九個數字的總和45。也就是說，4個『田』字的總和減去重複的數字後，所得到的結果固定是45。那麼如果盡量安排A、B、C、D、E五個位置中的數越小，這表示『田』字的總和也會越小。」（如圖7）

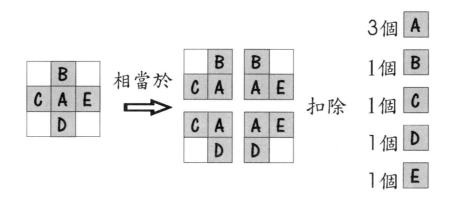

（圖7）

「是啊！我在湊答案的過程中，也留意到這點。由於四個『田』字都需要用到中間的數字，所以如果中間的數字小的話，這四個『田』字的總和都不會太大！這和如何推算『田』字的總和之間有什麼關係呢？」

「當然有啊！可是這個問題需要動點腦筋。在1～9中，1～5是最小的5個數字。根據剛

剛的推論，若要找出最小的『田』字總和，最好是考慮將1～5擺在這五個重複的位置，而將1放在A的位置，是最恰當不過的了。」爸爸想了一下，接著說：「所以我推斷：任何有解的『田』字方陣，不論『田』字的總和是多少，將這個方陣的4個『田』字總和加起來，再減3個1，再減2、減3、減4、減5之後，結果應不會比三階方陣的總和45還小。」

爸爸繼續說道：「所以將四個『田』字總和加起來，減去3×1＋2＋3＋4＋5，也就是減去17之後，不會小於45。也就是說，四個『田』字總和並不會小於45＋17，也就是不會小於62。所以在這裡產生一個很有用的結論：『田』字總和並不會小於15.5。你可以試試『田』字總和是16，會不會有答案！」

經過更長時間的思索，蕊蕊還是找不出『田』字總和是16的解。

「真的有解嗎？」蕊蕊這時如洩了氣的氣球似地，漸漸懷疑剛才推論的結果。

有系統的解題方法

「剛剛的推論應該是不會錯的啊！」爸爸說：「你的方法是用拼湊的，湊不出來不表示沒有答案。必須找出一個更有系統的解法才行！」

「可是我幾乎已經把所有四個數字加起來等於16的可能情形都找遍了，還是找不出解來啊！」蕊蕊無奈地說。

「你確定你已經將所有四個數字加起來等於16的可能都找遍了嗎？」

「嘻嘻！也不怎麼確定。乾脆將所有四個數字加起來等於16的可能情形都列出來好了。」

「嗯！這是個好辦法！」

很快地，蕊蕊便已拾起紙筆，記錄下加起來是16的所有情形。（如圖8）

$$(1) 5＋6＋4＋1＝16$$
$$(2) 1＋5＋7＋3＝16$$
$$(3) 2＋5＋7＋1＝16$$
$$(4) 4＋8＋3＋1＝16$$
$$(5) 1＋9＋2＋4＝16$$
$$(6) 7＋5＋3＋1＝16$$
$$(7) 1＋8＋2＋5＝16$$

（圖8）

「好啦！應該都列出來了！接下來呢？」

「你確定全部找出來了嗎？」

「嗯！不太確定。」蕊蕊心虛地說。

「如果是這樣的話，爸爸建議你，有規律地從小到大的找！」

「從小到大的找？」

「嗯！有四個數字相加，先將第一個數字是1的所有等式都找出來！而第二個數從2開始寫。把第一個數是1的等式都寫完之後，再從第一個數是2開始列式。像這樣……」爸爸說。（如圖9）

$$(1)\ 1+2+4+9=16$$
$$(2)\ 1+2+5+8=16$$
$$(3)\ 1+2+6+7=16$$
$$(4)\ 1+3+4+8=16$$

（圖 9）

「我懂了！剩下我來完成！」（如圖10）

$$(1)\ 1+2+4+9=16$$
$$(2)\ 1+2+5+8=16$$
$$(3)\ 1+2+6+7=16$$
$$(4)\ 1+3+4+8=16$$
$$(5)\ 1+3+5+7=16$$
$$(6)\ 1+4+5+6=16$$
$$(7)\ 2+3+4+7=16$$
$$(8)\ 2+3+5+6=16$$

（圖 10）

歸納與觀察

「可是找出所有四個數字和是16究竟與尋找『田』字總和是16的解之間，有些什麼樣的關係呢？」

「哈哈！當然有很大的關係呢！」爸爸笑著回答：「在田字方陣裡，重複位置裡的數字也意味著，在四個數字和是16的式子會出現更多次才對。」

「有道理耶！不如做個表格分析一下這些數字所出現的次數吧！」（如圖11）

數字	1	2	3	4	5	6	7	8	9
出現在所有式子裡的次數	6	5	4	4	4	3	3	2	1

（圖11）

「完成了！接下來的工作，我想是根據總和是16的八個式子與表格的線索，將答案找出吧！」蕊蕊這時可是信心滿滿地，拾起撲克牌九個數字，重新探索著：「數字1出現的次數最多，最有資格排在正中央位置，而數字9只出現1次，只有擺角落的份。同時出現1和9的式子是第一個式子1＋2＋4＋9＝16，所以應該這麼排。」（如圖12）

9	2	
4	1	

（圖12）

「接下來，考慮右上角的田字。與1,2有關的式子剩下第二個和第三個式子，究竟是哪一個呢？管他的，先試試第二個式子再說。」

於是初步的排法擬定了，選擇將5，8至入右上角的田字中。（如圖13）

9	2	5
4	1	8

（圖13）

「再決定右下角的田字。與1，8有關的式子還剩下第四個1＋3＋4＋8，這時候，應該將3，4放在右下角的位置。哇！可是數字4已經用過了。」蕊蕊失望之餘，突然頓悟地說：

「這表示說，應該是第三個式子1＋2＋6＋7放在右上角吧！」

於是又修正排法，重新將6和7放入右上角的田字內。（如圖14）

9	2	6
4	1	7

（圖 14）

「接下來右下角應該放第五個式子1＋3＋5＋7吧！試試看！」（如圖15）

9	2	6
4	1	7
	3	5

（圖 15）

「最後只剩下一個數字8了！放在左下角的格子裡，然後檢查看看！Bingo，左下角的田字果然總和是16。我完成了『田』字總和是16的解了。」（如圖16）

9	2	6
4	1	7
8	3	5

（圖 16）

「你做得很好耶！」爸爸讚許蕊蕊。

「哈哈！先前的列式與作表工作雖然煩瑣，但是最後的解題過程卻是輕鬆愉快呢！」蕊蕊掩不住解題成功的喜悅之情：「不過還有一個疑問還沒解決。那就是到底『田』字的總和最大可能是多少呢？」

「我覺得還是可以從方陣裡，『田』字重複的區域著手。」

「爸爸你先別講！讓我先想想看再說嘛！」

◀動手玩時間▶

1. 其實，在3×3的方陣中，『田』字總和是16，還有一個方陣中間的數字是異於1的解。你可以試著用蕊蕊解題的模式，將這個解答找出來嗎？

2. 根據推論，將1～9這九個數字，放置在3×3的方陣中，要想讓方陣中四個『田』字總和相同的話，這個『田』字總和最大的數是24。你能試著說明一下理由嗎？

3. 在3×3的方陣中，『田』字總和是24，同樣有兩個解答，而這兩個解答中間的數字也各不相同。你能將這二個解答一一找出來嗎？

◀參考答案▶

1. 參考圖11，2在圖10的算式中出現了5次，如果將2擺在方陣的中間，似乎也很有機會能成功。

參考圖10，選取第一個式子：1＋2＋4＋9＝16，盡量將較大的數置於角落。將9置於左上角。

9	4	
1	2	

第二個式子有1也有2：1＋2＋5＋8＝16，填入左下角的田字格。

9	4	
1	2	
8	5	

選取第七個式子填入右上角的田字格：

9	4	7
1	2	3
8	5	

選取第八個式子：2＋3＋5＋6＝16，將6填入右下角後完成。

9	4	7
1	2	3
8	5	6

2. 參考圖7，推論A＝9，B＝8，C＝7，D＝6，E＝5，會產生田字最大的總和。於是，四個田字總和不會大於45＋3×9＋8＋7＋6＋5＝98，則一個田字總和不會大於98÷4＝24.5，也就是說田字總和最大不會超過24。

3. 我們可以沿用之前尋找田字總和是16的答案的方法，進行尋找24的研究。但也可以透過已知兩個總和是16的結果，尋找出總和是24的答案。

這需要用到一點靈感與負數的概念，以下是兩個16的解答：

5	3	8
7	1	4
6	2	9

9	4	7
1	2	3
8	5	6

將每個數都變成負數表示，則每個田字總和就變為-16了。

-5	-3	-8
-7	-1	-4
-6	-2	-9

-9	-4	-7
-1	-2	-3
-8	-5	-6

田字總和-16和24相差40，並且每個田字總和都是由4個數字相加得來的，均勻增加每個數字40÷4＝10，就能使得每個田字總和成為24了。

-5＋10	-3＋10	-8＋10
-7＋10	-1＋10	-4＋10
-6＋10	-2＋10	-9＋10

-9＋10	-4＋10	-7＋10
-1＋10	-2＋10	-3＋10
-8＋10	-5＋10	-6＋10

這樣便能得到兩個總和24的解答：

5	7	2
3	9	6
4	8	1

1	6	3
9	8	7
2	5	4

數說心語

1. 從和孩童一同探討數學問題的經驗中，筆者常發現到：孩童在解題的拼湊過程中，總是勇往直前的，有時很快地便能找出答案。仔細詢問他是如何辦到的？往往也說不出個所以然來。如果將答對的問題加深加廣，在運作上，他的孩童法可能就不像先前那麼奏效了。當孩童對問題產生濃厚的興趣時，如果不能適時引導孩童進入方法分析的領域，提昇孩童的解題層次，這樣的學習對孩童的幫助實在有限。而最要緊的解題層次，不在知識的獲取，也不在技巧的熟悉，而是在於創造力的提昇。

2. 在商業或其他領域的實務上，比起專業知識而言，創造力更是超越同業的不二法門。等到長大了再來訓練創造力，不如讓孩童在從小學習上便保有或提昇來得好。

幾何初步

　　一大片泛白色的牆壁，是寶哥新居的客廳的特色。爸爸總覺得空蕩蕩的白牆上，似乎缺少著一幅好畫。

　　一日空閒的夜晚，全家驅車外出辦事，座車在紅燈前停下，冷不防路邊就是一家畫廊。全家為那室內陳列著的光鮮色彩所吸引，爸爸想起缺少一幅好畫的牆，於是也顧不著路邊停車開單的危險，「就進去看看吧！」爸爸說。

幾何創造抽象

　　「爸爸！你瞧，大部分的畫我都看得懂畫的是什麼，偏偏這幾幅對我而言，實在是很抽象啊！」

　　「對於看畫，我也不是很內行，不如你自己問問老闆啊！」爸爸搖搖頭表示不懂。

　　「這位小朋友很喜歡看畫嗎？」老闆聽見了，前來招呼。

　　「還好啦！只是覺得這幅畫的線條很像數學裡頭的幾何圖形，但是就是不明白畫家所要表現的是什麼？」寶哥抓了抓頭，不好意思地說。

　　「這幅畫呀！這是俄羅斯著名的抽象派大師『康丁斯基』(Vassily Kandinsky，西元1866年～1944年)的作品，畫名是『黃、紅、藍』。」老闆親切地解釋道：「小朋友很有觀察力喔！他畫的這幅畫的確是抽象畫，這是他晚期的作品。由於晚期受到其他設計家與建築家的影響，在他的抽象繪畫裡，幾何造型就經常成為畫中的主題囉！」(如圖1)

(圖1)

「哦！難怪！畫中還有俄羅斯方塊在裡頭呢！」寶哥似乎在圖中發現了什麼。

「小朋友的眼力很好！因為他是俄羅斯人的緣故，所以常將俄國人發明的俄羅斯方塊納入作品之中呢！」

「這幅畫是真品嗎？」寶哥好奇地問道。

「當然不是！真品目前收藏在法國巴黎龐畢度中心的國立現代藝術館。」

「那這幅仿製品定價多少？」寶哥繼續問道。

「一千五百元！」

「瞧你對這幅畫那麼感興趣，那我們把這幅有趣的畫買回去好好研究吧！」爸爸做了決定。

兩刀式正方形拼圖

「藝術家真是有趣耶！竟然將數學中的幾何圖形融入作品當中耶！」寶哥一面欣賞著那幅畫，一面讚嘆著說。

「你不覺得數學中的幾何圖形本身就富有藝術性嗎？」

「說得也是！爸爸。」

「幾何還可以當成玩具！別忘了許多人最喜歡玩的拼圖，不論是圖畫上的線條，或是拼板本身，也都是幾何圖形呢！」爸爸說。

「是啊！搞不好拼圖就是我最早接觸到的幾何數學呢！」寶哥回憶後說。

「你這麼喜歡玩拼圖嗎？」爸爸問。

「是啊！可是一般的拼圖，都是早已分割好的一片片圖板，只等著你將它們拼湊完成，沒有變化。玩多玩久了之後，就沒什麼意思了啊！」

「也對！如果有一種拼圖活動，從分割到拼合，都必須靠自己設計，你要不要玩玩看呢？」

「真的嗎？快點告訴我！」寶哥睜大眼睛向爸爸說。

「我們先試試簡單一點的問題。」隨即，爸爸拿出兩張一樣大小的正方形色紙，接著說：「首先將這兩張色紙上下排列，然後你必須要在這兩張色紙上面畫出任意兩條線，並且用剪刀沿線剪開。」（如圖2）

（圖 2）

「剪開之後，不就變成許多紙片嗎？然後要做什麼？」寶哥不解地問道。

「問得好！最後要將這些紙片，一片不漏地重新拼成一個較大的正方形。」

「聽起來好像很有趣，我試試看！」只見寶哥瞪著大眼睛注視著圖形，想了一下，隨即想到解法：「我想到了，沿著對角線畫兩條線就可以了。」

說畢，找出直尺和筆於圖形上畫出兩條線，隨即剪下後，重新將紙片拼成一個較大的正方形。（如圖3以及圖4）

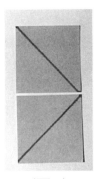

（圖 3）

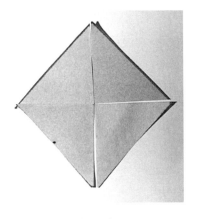

（圖 4）

「嗯！懂得運用對角線是很好的方法。」很快地爸爸裁切出一個邊長比原來小正方形邊長更大一倍的正方形來：「你再試試這兩個圖形……」然後將這張較大張的色紙，並連同原來小正方形色紙排在一起，排列成下面的圖形。（如圖5）

（圖5）

　　「哇！這難度提高太多了吧！」

　　「是嗎？那爸爸將大一倍的正方形色紙打上格線，可能有助你思考喔！」（如圖6）

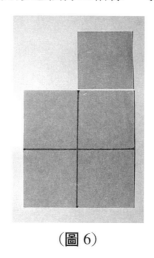

（圖6）

　　「……還是不容易，提示一條線好嗎？」寶哥哀求地說。

　　「好吧！你要注意周邊的格點，這是很重要的線索喔！」隨即爸爸拾起筆尺，劃上第一條線。（如圖7）

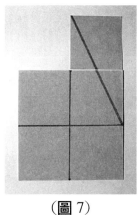

（圖 7）

關鍵性的直角

「好，讓我想想！如果所要拼出的較大正方形的直角是由兩條直線構成的，假如這一條直線是其中的一條，那第二條直線應該在這裡！」寶哥試著畫出第二條直線。（如圖8）

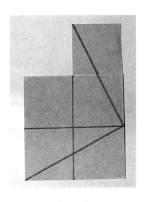

（圖 8）

「沿線將色紙剪開，然後拼拼看吧！」不一會兒，便喜出望外地說：「哇！Bingo！我說得沒錯吧！再困難我也不怕囉！我已經找出訣竅了！」（如圖9）

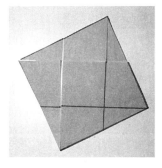

（圖 9）

「是嗎！那你試試這一題！先幫你畫好格線，好讓你清楚這兩個正方形間的尺寸關係。」
（如圖10）

（圖 10）

「嗯！這個問題換湯不換藥！先想想完成圖的直角可能在哪裡！……對了！就這麼辦！」（如圖11以及圖12）

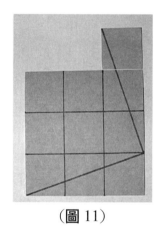

（圖 11）

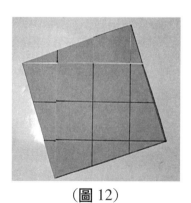

（圖 12）

「前面這幾個問題有些相似的地方，僅是正方形的尺寸大小不同而已！太簡單了！爸爸！有沒有難一點的呢？」這回，寶哥可是信心十足。

畫線傾斜程度的秘密

「看來你已經抓到了訣竅了呦！那你試試這幾個題目吧！不過，爸爸可要提醒你：正確的兩條線的傾斜程度可是和問題中的兩個正方形的邊長有關喔！」（如圖13、圖14、圖15、圖16以及圖17）

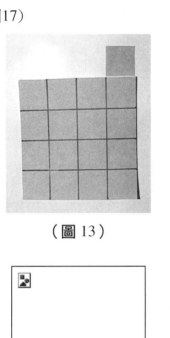

（圖 13）

（圖 14）

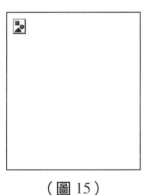

（圖 15）

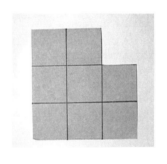

（圖 16）

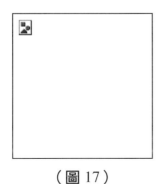

（圖 17）

「哇!真是越來越~~~有趣了!看來拼圖遊戲可是學習幾何的起步呢!」

≪動手玩時間≫

請您動手做做看,是否可以就圖13、圖14、圖15、圖16與圖17分別研究,在各個圖形中各自任意畫出兩條線後,沿著所畫的線剪開,然後試著拼出一個較大的正方形。

為了方便您的操作,請您試著在下列表格中,作為模擬畫線及分割的草圖紙。

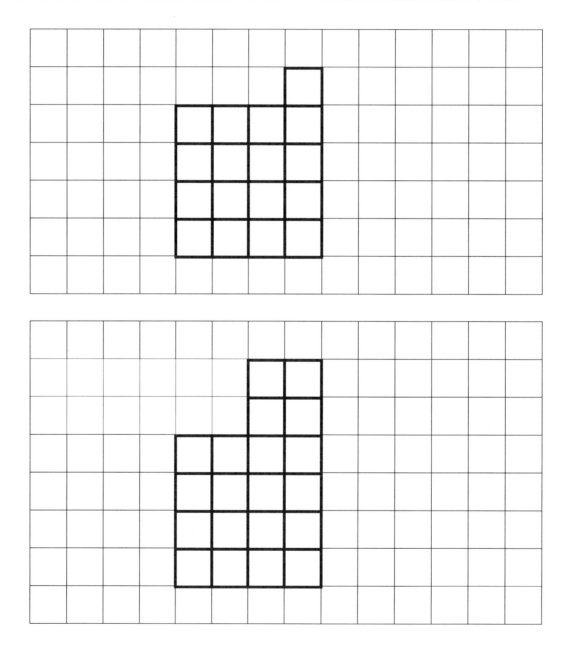

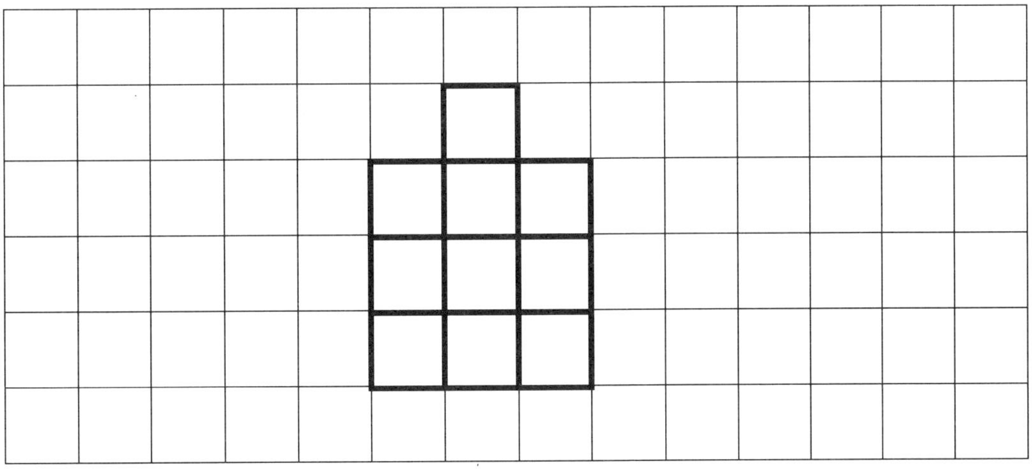

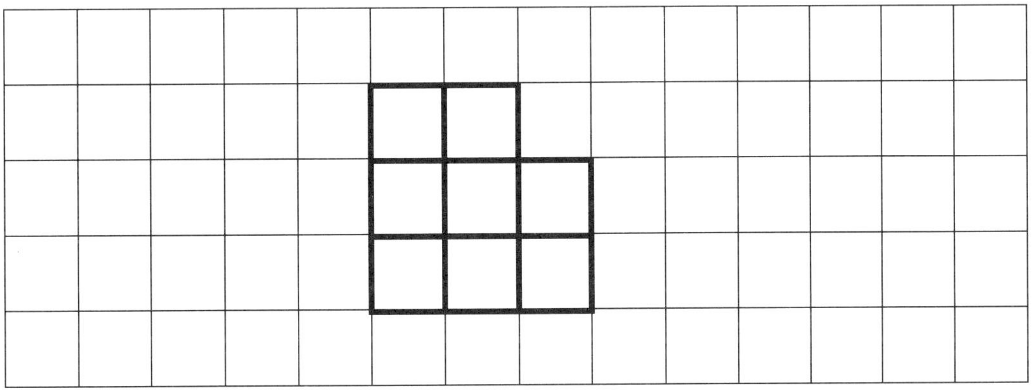

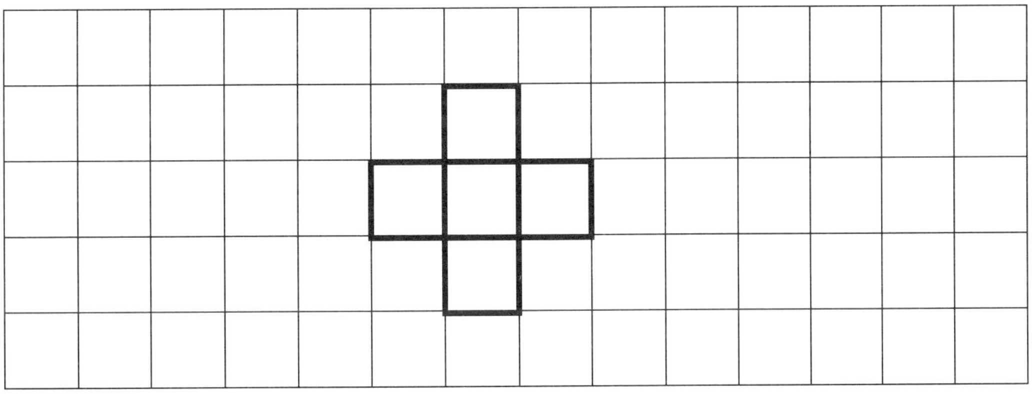

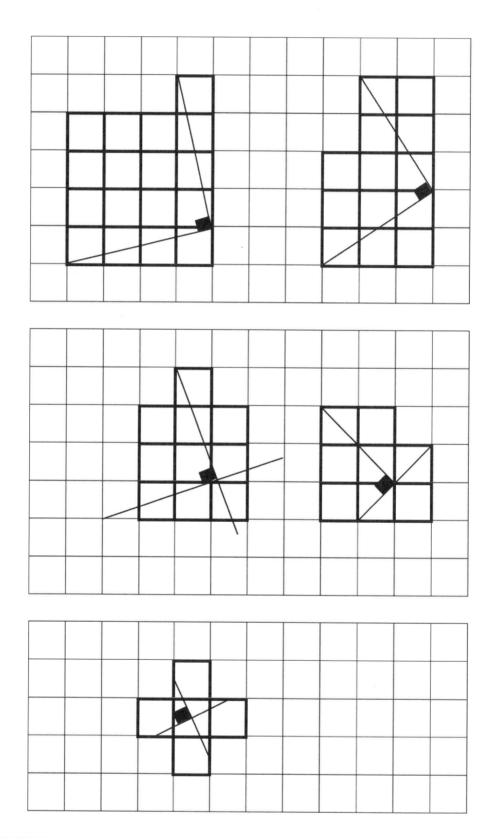

數說心語

「畢氏定理」說：「在直角三角形中，斜邊的平方等於另外兩邊的平方之和。」而我們可以用任意兩條線段長，作為一個直角三角形的兩邊長。

如果將這個定理加以延伸，也就是說：給定任意兩個正方形，我們都可以找到一個較大的正方形，使得這個較大的正方形面積和這兩個任意正方形的面積加起來是一樣大。這就是本活動所應用到的數學原理。而將任意兩個正方形相靠攏，的確可以在其上畫出兩條線之後，沿著畫出的線剪開，再重新組合成一個較大的正方形，如圖18。

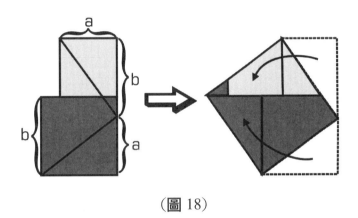

(圖 18)

這不但是幾百種畢氏定理的證明方法中的其中一種，同時也可以視為一個有趣的拼圖遊戲！你是否發現到：在文中，每個問題圖形的面積都是兩個正方形的面積所組成的？

由於這種特性，畫出兩條互相垂直的線是很重要的技巧，這是後來剪裁後的紙片能拼出直角最佳保證。

中國古代的測量術

　　寶哥新家的陽台面積頗大，而且方位又是朝東，於是爸爸興起了自耕蔬菜的念頭。

　　「假設種植蔬菜從播種到收成需要三個月的時間，而一次收成的菜量，計畫供給全家食用兩個星期。如果計畫每天都能吃到自己栽種的蔬菜，栽種面積需要多大呢？」為了確保計畫周詳，一日，全家到假日花市了解自耕蔬菜常用的器皿與各式蔬菜的生長週期後，爸爸回到家後，便喃喃自語的計畫著：「我想，將陽台周圍以木心板架上兩層，這樣的栽種面積應該可以符合我的目標吧！」

　　「爸爸，你已經決定好如何架設我們的菜圃了嗎？」寶哥問道。

　　「是啊！你瞧，爸爸連菜圃的設計圖都畫好了呢！你瞧！只要到特力屋去買適當的材料，就可以開工了啊！」爸爸將菜圃的設計圖遞給寶哥過目。

　　「喔！這樣做真的能達成您的期望嗎？」

　　「我也沒有十足的把握！我只知道如果不試試看的話，期望是不可能成為事實的。」

　　「按照計劃去實行，能不能確保目標能一定實現呢」

　　「那也不一定啊！首先，天氣的因素就不是我們所能控制的啊！如果不幸下了大雨，將辛苦耕作的蔬菜淹沒，或是氣溫不定、病蟲肆虐，這必定會影響栽種週期的啊！」

　　「說得也是！農夫萬一遇上這類的問題，鐵定會大傷腦筋的呢！」

　　「沒錯！加上耕作往往需要灌溉用水，因此農地常座落在河川附近。不過如果發生像古時候大水迫使河川改道的情形，往往導致農夫辛苦的耕作沒了，同時也引發其他更重大的問題呢！」

　　「還有什麼事比收成沒了更傷腦筋呢？」

　　「當然有，河川改道，自己所擁有的農田也沒了，眼前生活過不去，未來的生計更是受到影響呢！」

　　「那倒是！一定有的人家附近沒有了田，有的人家卻平白多出了偌大的農地，這時應該怎麼辦呢？」

　　「這時候政府就會請測量土地的專家，重新分畫農地，把適當大小的農地還給農夫。」

土地測量術

　　「哇！那土地測量工程師的工作真是既重要又很了不起啊！」

　　「沒錯！要懂得如何測量土地，數學的知識是少不了的！舉例來說，你相信測量師不必

走到河川的對岸，就能測量出一條河川的寬度嗎？」

「真的這麼厲害呀？」寶哥懷疑的說。

「是啊！土地測量工程師只要在此岸邊和對岸各找尋一個適當的固定地點，先確定這兩點的連線和岸邊垂直。然後沿著岸邊以直角的方向走上一段適當的直線距離後停下來。先量出這段距離來，再用水準儀測量所走的這條直線與對岸固定地點所成的夾角，就可以計算出河川的寬度了喔！」(如圖1)

對岸的固定點

用水準儀測量出這個角度

直角

走到這裡停下來
量出所走的距離

從這個頂點沿著
箭頭方向走去

（圖 1）

「單憑所走的距離長度和一個夾角就能計算出河川的寬度？聽起來就覺得必須運用高深的數學知識不可，而且還需要『水準儀』這種聽起來就很精密的儀器，看來這項工作少不了許多知識的配合！」寶哥不禁佩服地讚嘆道。

「是啊！」

「可是古時候的人們沒有『水準儀』這種儀器，要如何測量河川的寬度？」

「我國古代聰明的老祖先發明了一種可以運用在測量河川寬度的方法，而這個方法很簡便喔！」

「真的？不需要精密的儀器？也不必用到高深的數學知識？」寶哥說。

「是啊！這個方法你很容易就懂的！」

「爸爸快點告訴我嘛！」

出入相補原理

「別急！這個方法最早記載於西元前一世紀魏晉時期的數學泰斗劉徽所編注的『九章算經』一書中。」

「那不是距今二千多年了嗎？」

「嗯！這個方法就稱為『出入相補原理』，劉徽稱之為『以盈補虛』。按照現代的說法就是：一個平面圖形移動前後，面積不變；一個平面圖形割成若干塊，各塊面積之和還是等於原圖形面積呢！」爸爸注意到寶哥一臉錯愕的神情，連忙將話題拉回到測量河川寬度的問題上，並接著說：「這個原理的測量方法和先前的很像，不過還需要測量某些距離。」

爸爸說畢，隨即攤開一張空白紙，畫圖說明：「延續剛才的測量過程，接著沿著對岸的固定地點與A點所形成的斜線繼續前進。走一段適當的距離後，停下。」（如圖2）

對岸的固定點

沿著直指對岸固定點的斜線走一段適當的距離

直角

A

B

（圖2）

「然後呢？」

「然後畫出相關的水平和垂直的線段，構成這樣的圖形。你看，就像這樣。為了方便說明起見，爸爸將所有的交點，各用一個字母表示。」（如圖3）

（圖3）

「這個圖看起來很複雜耶！」

「其實一點都不會！外圍四個點B、D、F、H所形成的形狀，不就是一個長方形嗎？」

「是啊！而B點和F點所連成的斜線，不就是長方形的對角線嗎？」

「嗯！在這個圖形中，有一些三角形的面積是相等的喔！找找看！」

「我知道！B點、D點、F點所形成的三角形和B點、H點、F點所形成的三角形的面積相等，理由是B、F所連成的斜線是長方形BDFH的對角線。」

「長方形有一個特性：長方形的對角線能將長方形分成兩個面積相等的三角形。」爸爸接著問道：「那還有哪些三角形的面積是相等的呢？」

「同樣的道理：A、E、F所形成的三角形和A、G、F所形成的三角形面積相等。還有B、C、A所形成的三角形和B、I、A所形成的三角形面積也是一樣。（如圖4）」寶哥忍不住問道：「爸爸！我們不是想要測量河川的寬度嗎？你問的這些和河川的寬度有關嗎？」寶哥說。

「當然有關啊！根據前面說的：BDF和BHF、AEF和AGF、BCA和BIA這三對三角形的面積都相等。所以從BDF這個三角形中移除AEF和BCA兩個三角形後所剩下的長方形ACDE，和從BHF這個三角形中移除AGF和BIA兩個三角形後所剩下的長方形AIHG，這兩個長方形的面積一樣大。這就是『出入相補原理』。」

「長方形ACDE和長方形AIHG的面積一樣大？那麼，如何利用這項原理測量出河川的寬度呢？」寶哥依然不解，於是繼續問道。

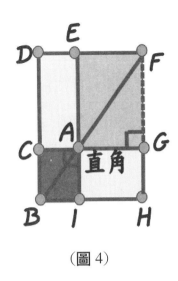

（圖4）

「原本從F點到G點的距離也就是河川的寬度。如果河岸兩邊平行的話，那麼F到G的距離就等於A到E的距離，對吧？」

「沒錯啊！然後呢？」

「而河川的寬度我們無法直接測量，但是AG、AC、AI這三段距離卻是我們所能夠測量的。」

「我懂了！假設測量之後，AG的距離是50公尺，而AC的距離是5公尺，AI的距離是8公尺。由於長方形ACDE的面積是AE的距離×AC的距離，而長方形AGHI的面積是是AG的距離×AI的距離，所以說AE的距離×5公尺＝50公尺×8公尺。這樣就可以算出AE的距離是50×8÷5＝80公尺，而這個結果也就是河川的寬度了。」（如圖5）

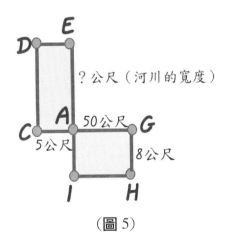

（圖5）

◀動手玩時間▶

在圖6中，每一個小正方格都是1平方公分，並且圖中的2個圖形中的圖塊都是一樣的，只是圖塊的排法不同。為何下面的圖形卻比上面的圖形少了1個小正方格，也就是少了1平方公分的面積呢？

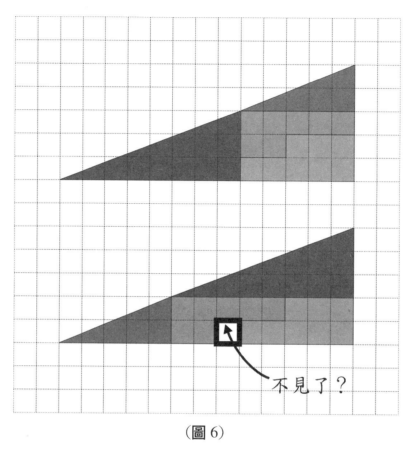

不見了？

(圖6)

◀參考答案▶

在圖6中，上圖和下圖都是由四個相同形狀與大小的圖形所組成的，關於這點，請您千萬不要懷疑。

那麼問題出在哪裡呢？問題就在於我們會很直覺地將上、下兩圖看作兩個相同大小的直角三角形。如果是的話，才會造成一個詭異的結論：它們沒有面積會相差1平方公分的道理。

您一定以為這兩個圖形都是直角三角形吧？才會產生兩個圖形面積是一樣大的錯覺。為了便於說明，將圖6標上符號，見圖7。

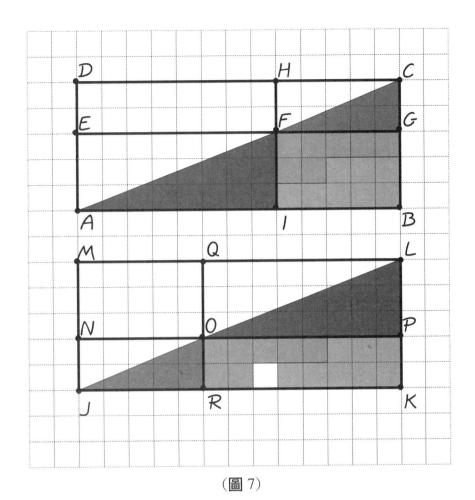

（圖7）

　　上圖疑似直角三角形的圖形，是由A、B、C、F四點所形成的。B點的位置無疑是一個直角，並且AB和BC分別是兩條直線段，這些是確定的事。至於A、F、C三點所連成的線段是不是直線，這才是值得推敲的。

　　如果A、F、C三點所連成的線段是一條直線，那麼就會是ABCD四點所形成的長方形的一條對角線，我們就可以應用出入相補原理來證明上圖的圖形，不是一個直角三角形。

　　首先，E、F、G和H、F、I分別是我們所作的兩直線。根據出入相補原理，DEFH和FIBG是兩個等面積的長方形才對！計算個別面積的結果，長方形DEFH的面積是8×2＝16平方公分，而長方形FIBG的面積是5×3＝15平方公分。

　　由於兩長方形的面積不相等，因此可以判斷A、F、C三點所連成的應是兩條不共線的線段，也就是A、B、C、F四個點所形成的圖形，不是直角三角形，而是一個四邊形。

　　同樣的道理，J、K、L、O四點所形成的圖形也是一個四邊形。

　　那麼為什麼四邊形JKLO的面積會比四邊形ABCF大呢？這是因為JKLO是個凸四邊形，從O點上凸出來，而ABCF是一個凹四邊形，在F點下凹進去。一凸一凹，使得兩圖形的面積

相差1平方公分。

數說心語

科學的昌明，從直覺出發，但必須依賴科學的證明來檢驗直覺想像後的產物。伽利略(西元1564-1642)為了真理，不惜挑戰當時將科學架構在直覺與信條思想的亞里斯多德的支持者和羅馬教宗，終身信奉發揚科學精神。正如同伽利略本人所說：「如果亞里斯多德能重返這世界，我確信他會因為我對他所做的中肯而確實的反駁，在他的信奉者中選擇我並接納我，而不是那些盲目崇信並將他奉為真理的人。那些人只知道剽竊他著作中表面意念，而根本不曾進入他的思想核心」
我們能透過數學方法，清楚地澄清「動手玩時間」活動中的問題使人產生的直覺性錯覺，而所用到的原理還是出自古代中國人的智慧耶！這不是一件很有趣的事嗎？

畫星星中的數學

　　清明時節，是掃墓的季節。正所謂『慎終追遠，民德歸厚』。寶哥的奶奶走得早，走了之後，經過家人的討論，覺得還是火化處理，尋覓一個台北市區內的一處合法的靈骨塔安置比較妥當。由於地點交通便利，也與寶哥新居頗近，平日爸爸就已常帶著全家去祭拜奶奶。

　　清明前夕，也是考季。寶哥、蕊蕊的月考剛過，書上重點記號不斷。尤其是愛漂亮的蕊蕊，各色各式的筆都派上用場。在考後的假期裡，爸爸翻閱他們的書本，覺得十分有趣。除了許多孩童同僚中所流行的符號之外，爸爸在書本裡還發現了一個過去在學生時期也常用的親切符號－五角星星。

　　「咦！你們也常畫五角星嗎？這也是爸爸以前讀書常用的記號。」爸爸對寶哥說。

　　「真的嗎？我覺得畫五角星來作記號會很方便也很漂亮。只要一筆畫就完成了！」

　　「嗯！你也畫六角星嗎？」爸爸好奇地問。

　　「是啊！不過六角星比較麻煩，要畫兩個三角形。我還是覺得五角星最美麗。不過話說回來，人要是往生的話，火葬比較環保，也沒有土地使用上的問題。在台灣會漸漸流行起來的。」

　　「說得沒錯！當初決定將你奶奶的遺體火葬，也就是這個意思。咦！你怎麼突然說到往生的事呢？」

　　「沒什麼啦！我隨意聯想的。只是突然想到說，即使潮流趨勢如此，如果將來有選擇的話，我會希望做個漂亮的墓園給自己，立個厚厚的碑，並且在上面寫著我想說的話，然後刻個美麗的正五角星！」（如圖1）

（圖1）

數學家的墓碑

　　「真是胡思亂想！不過說起正五角星，希臘時期有一個哲人亞里士多德(西元前384年～西元322年)創立了一個學派，代表這學派的象徵圖形也就是一個圓形內接著一個正五角星的

圖形。還有啊！古代有幾個很有名的學者自己設計自己的墓碑。」

「真的嗎？那挺有意思的咧！」

「是啊！有許多人推崇阿基米得(西元前287年～西元前212年)、牛頓(西元1643年～1727年)與高斯(西元1777年～1855年)是歷史上最偉大的三位數學家，而其中兩位都有相同的念頭，那就是自己設計自己墓碑上的圖形。」爸爸說：「阿基米得發現：球形的體積是這個球形外接著的直圓柱體積的 $\frac{2}{3}$ (如圖2)。他並且曾經表示，希望能將球形和其外接的直圓柱圖形刻在他的墓碑上。而高斯則在他20歲以前，就發明了如何運用直尺與圓規而能畫出正十七邊形的方法。這個問題曾經令更久以前的一位數學家歐幾里得(西元前365年～西元前300年)十分頓挫。由於解出了這個問題，於是高斯在數學界中便一炮而紅，他既高興且興奮，也因此決定一輩子研究數學，並且也說過希望死後能在他的墓碑上能刻上一個正十七邊形，來紀念他少年時期最重要的數學發現。」

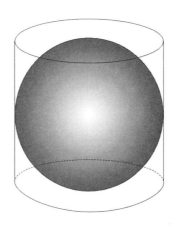

(圖2)

「真有趣，那後來他們的願望有沒有實現？」寶哥好奇地問。

「阿基米得的有，可是高斯的不算完全實現。」

「怎麼說不算完全實現呢？」寶哥納悶地說。

「因為原來負責刻高斯紀念碑的雕刻家認為，正十七邊形太接近圓形了，大家一定分辨不出，所以他就自做主張地將高斯的紀念碑上改為刻著一顆正十七角星。」

「看來我的墓碑還是自己刻的好。」

「你說什麼……？」

「沒有啦！」寶哥吐了一下舌頭，隨即話鋒一轉：「我只會畫正五角星和正六角星，今天才聽說有正十七角星。那有什麼方法能夠像畫正五角星一樣，一筆畫就可以畫出正多角星來？」

畫星星的方法

「方法很簡單。可是我們得先釐清一點：正多角星和正多邊形是不一樣的喔。首先從你所熟悉的『正五角星』畫起。為了確定畫出來的多角星真的很『正』，還是先畫個圓，然後將圓周分五等分比較好！」（如圖3）

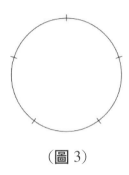

（圖 3）

「正五角星我拿手，交給我來畫吧！」寶哥說。（如圖4）

（圖 4）

「你一下子就畫好了。我還來不及看清楚你是怎麼畫的呢！」

「很簡單啊！就是這樣連過來，連過去就完成了。」

「你講這樣、那樣的，別人聽得懂嗎？」

「那要怎麼做？」

「重新畫個圓，然後分成五等分，並且把圓周上的點都取個名字！分別取做0、1、2、3、4吧！接著描述你剛剛是怎麼畫的吧！從0開始畫喔！」（如圖5）

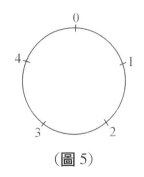

（圖 5）

「嗯！我是從0連到2，然後將2連到4、4連到1、1又連到3，3再連回0。這樣就完成一個漂亮的正五角星。」(如圖6)

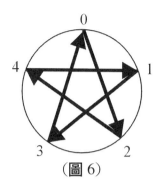

（圖6）

「喔！原來你所採取的畫法是順時針方向，每隔兩格，就連線起來，繞了幾圈之後，就回到了原出發點，對吧！那我問你，順時針方向每隔一格就連線起來，會產生什麼樣的圖形？」

「那還不簡單！變成正五邊形啊！」(如圖7)

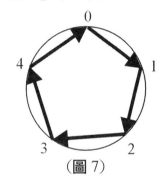

（圖7）

「對！那麼如果試試順時針方向每隔三格連線，又會產生什麼圖形呢？」

「會變成………，想不出來！可以畫畫看嗎？」

「當然好啊！你試試！」

「先畫一個圓形，再分成五等分。然後將每個點作好數字的記號，從0出發。順時針每隔三格連線。從0連到3，再從3連到1，1再連到4，4再連到2，2再連回0！哇！還是一個正五角星耶！和每隔二格連線的結果一樣呢！看來能畫出正五角星的方法不只有一種耶！」(如圖8)

（圖 8）

　　寶哥想了一下，又繼續說：「那每隔四格連線，結果會是如何？」這回寶哥不待爸爸的回應，便自行著手研究了。（如圖9）

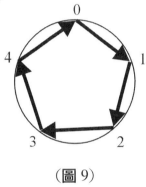

（圖 9）

　　「結果和每隔一格連線的結果是一樣的，都是一個正五邊形呢！所以畫正五角星有兩個方法：每隔二格和每隔三格連線。」

　　「有趣吧！」爸爸微笑地說。

　　「嗯！那可以用每隔幾格的方式畫出正六角星嗎？」

　　「你可以自行畫個圓圓，然後在圓周上分成六點，研究看看啊！」

　　「好啊！我去找圓規、直尺和量角器去！」不一會兒工夫，便已將畫好的圓做好了記號。（如圖10）

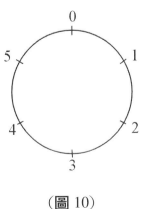

（圖 10）

「萬事俱全了。首先第一步，就是從0開始，每隔一格連線試試。我想這個結果一定是個正六邊形！而每隔二格連線呢？哇！是一個正三角形。那每隔三格連線呢？……一直線！每隔四格連線也是一個正三角形！而每隔五格……，還是一個正六邊形呢！照這樣的連線方法，沒有一種畫法可以畫出正六角星啊！（如圖11）」

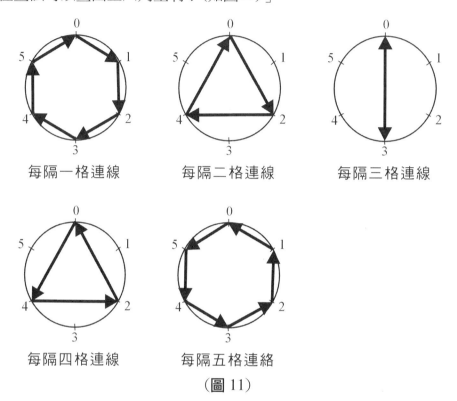

每隔一格連線　　　　　每隔二格連線　　　　　每隔三格連線

每隔四格連線　　　　　每隔五格連絡

（圖 11）

寶哥繼續說道：「那用這種連線方式，能不能畫出正七角星、正八角星、正九角星，甚至正十角星呢？」寶哥納悶地說：「好！首先，我得先畫出許多的圓來，再分別劃分成七等分、八等分、九等份與十等分。然後繼續我的研究！等畫好了之後，選一個漂亮的正多角星，刻在我的墓碑上做紀念。」（如圖12、圖13、圖14以及圖15）

「年紀輕輕的，怎麼這麼說話呢？」爸爸輕聲斥責說。

「爸爸，話不是這麼說的。其實我不是用死亡的話題來開玩笑的，只是覺得人可以活著討論生死。晴姊姊就曾經說過：『死給予人最大的恐懼是隔離人與人的距離，以及對死後的一種莫明。』可是死才不等於消失，否則又為何奶奶贈予我們的樸實風範能夠那樣無止境的流傳下來？」

「話雖如此，無奈在這蕭瑟的清明時節，對你奶奶無盡的思念依舊令人分外難受！」

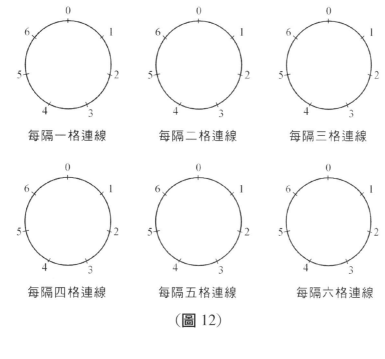

每隔一格連線　　　　每隔二格連線　　　　每隔三格連線

每隔四格連線　　　　每隔五格連線　　　　每隔六格連線

（圖 12）

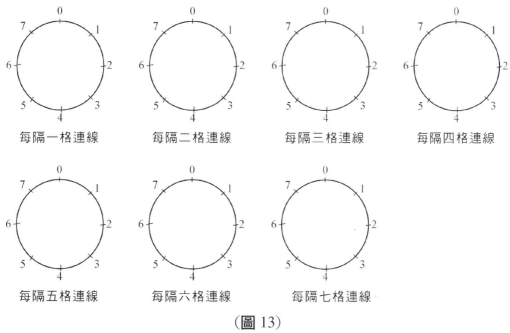

每隔一格連線　　每隔二格連線　　每隔三格連線　　每隔四格連線

每隔五格連線　　每隔六格連線　　每隔七格連線

（圖 13）

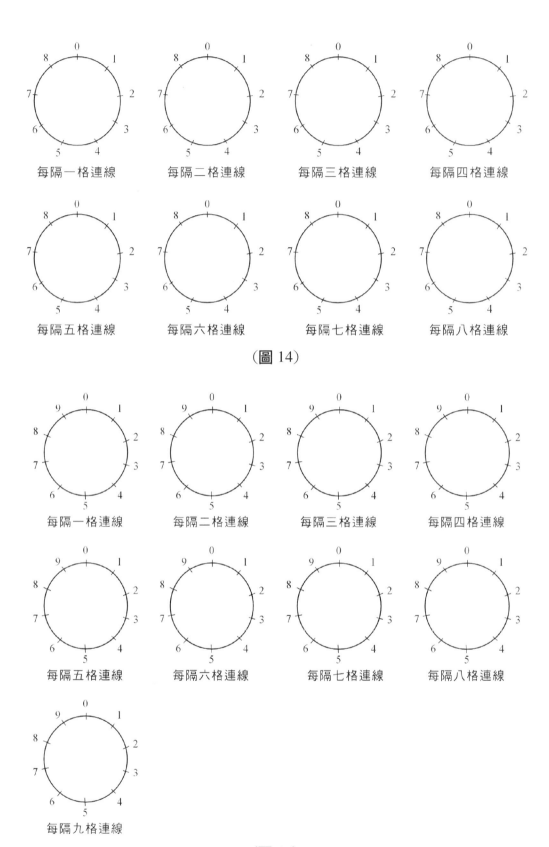

每隔一格連線　每隔二格連線　每隔三格連線　每隔四格連線

每隔五格連線　每隔六格連線　每隔七格連線　每隔八格連線

（圖 14）

每隔一格連線　每隔二格連線　每隔三格連線　每隔四格連線

每隔五格連線　每隔六格連線　每隔七格連線　每隔八格連線

每隔九格連線

（圖 15）

◄動手玩時間►

1. 您動手完成圖12～圖15，並且觀察一下：是否當圓形的等分數與每隔幾格連線之間存在什麼樣的數量關係時，就可以畫出和圓形的等分數一樣多的正多角星？並試著解釋為什麼會有這樣的關係存在。

2. 正十二角星怎麼畫？你能預測每隔幾格連線的方法能畫出正十二角星嗎？試著解釋你的理由。（如圖16）

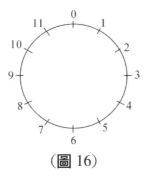

（圖16）

◄參考答案►

1.12至15的結果完成後應如圖17～20

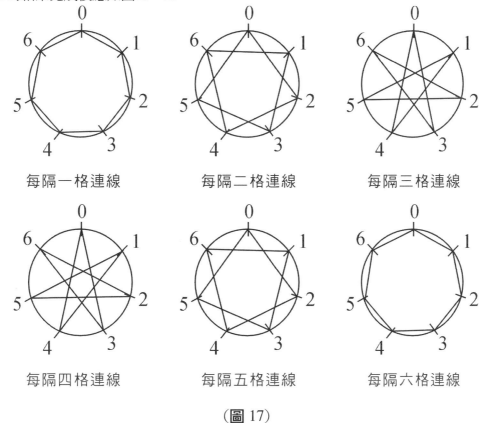

每隔一格連線　　　　每隔二格連線　　　　每隔三格連線

每隔四格連線　　　　每隔五格連線　　　　每隔六格連線

（圖17）

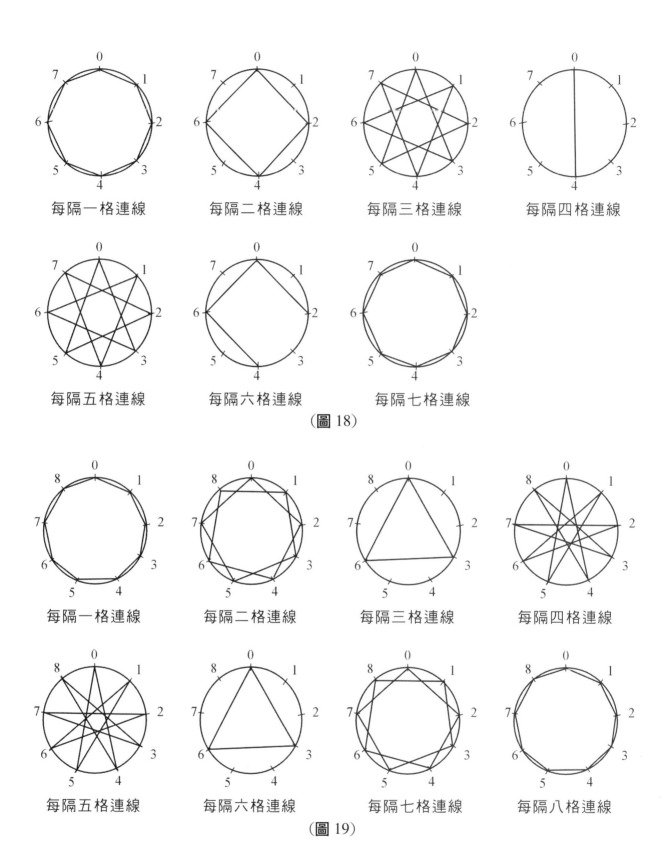

每隔一格連線　　每隔二格連線　　每隔三格連線　　每隔四格連線

每隔五格連線　　每隔六格連線　　每隔七格連線

(圖 18)

每隔一格連線　　每隔二格連線　　每隔三格連線　　每隔四格連線

每隔五格連線　　每隔六格連線　　每隔七格連線　　每隔八格連線

(圖 19)

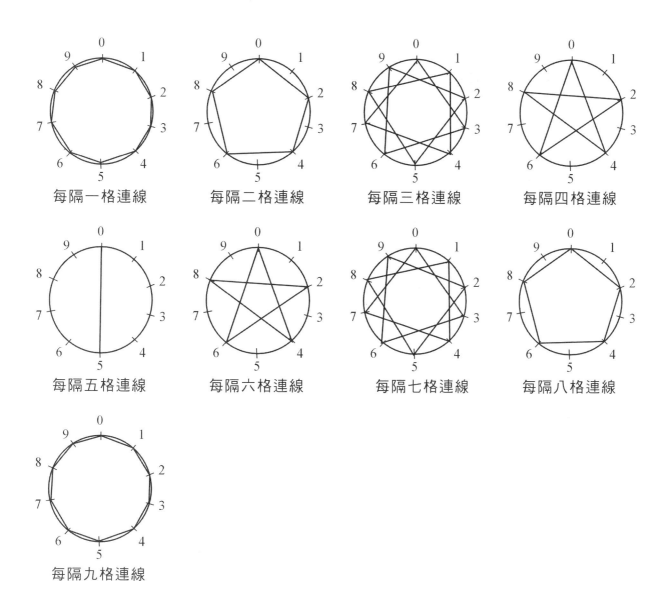

每隔一格連線　　每隔二格連線　　每隔三格連線　　每隔四格連線

每隔五格連線　　每隔六格連線　　每隔七格連線　　每隔八格連線

每隔九格連線

（圖 20）

將資料列表整理，有利於觀察和研究。

圓形等分數	每隔幾格連線會畫出正多角星	可以畫出正幾角星？
7	2，3，4，5	正七角星
8	3，5	正八角星
9	2，4，5，7	正九角星
10	3，4，5，6，7	正五角星、正十角星

敏銳的讀者或許已經察覺：在同一個等分圓中，可能會有兩個完成的圖形是相同的。譬如：在七等分圓中，每隔2格連線和每隔5格連線的圖形是相同的，而每隔3格連線和每隔4格連線的圖形也是相同的。在八等分圓中，每隔3格連線和每隔5格連線的圖形也有相同的結果。這是因為用順轉幾格畫星星的方法，好比是用圓的等分數減掉逆轉相同格數的方法畫星星一樣，這就像是照鏡子一般。

　　另外，您是否也發覺到：在表格中，每隔幾格連線的數目都無法整除每一列的圓形等分數。譬如：在第二列中，每隔3格或5格連線的3或5，是無法整除圓形等分數8的，結果畫出了正八角星。

　　同時，在10等分圓形中出現了一個現象。每隔3格或4格連線的3或4，雖然同樣無法整除圓形等分數10，可是每隔3格連線的畫法，會畫出正十角星，而每隔4格連線，可是卻只能畫出正五角星。這個現象如何解釋呢？

　　將這兩個圖做個比較：

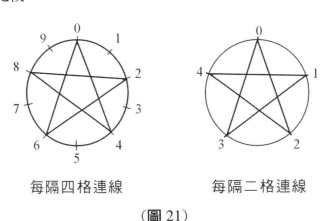

每隔四格連線　　　　　　　每隔二格連線

(圖 21)

　　在10等分圓中，每隔4格連線的連線路徑是：0→4→8→2→6→0，而在5等分圓中，每隔2格連線的連線路徑是：0→2→4→1→3→0。兩個圖形都從0連到0，所連線的不同的點數號碼同樣是5個，所以同樣連成正五邊形，而10等分圓的每個連線路徑上的號碼，都是5等分圓相對應的連線路徑上的號碼的2倍。就是因為將等分圓分成10等分與分成5等分，彼此有10÷5＝2倍的關係，才使得前者每隔4格連線與後者每隔2格連線後，不但路徑號碼有4÷2＝2倍的關係，更造成同樣畫出正五邊形的相同結果。換句話說，就是由於等分圓數與每隔幾格連線數的比例10：4不是最簡化的比例，還可以簡化成5：2的緣故，所以所畫出的圖形與5等分圓，每隔2格連線的結果是一樣的。

　　又譬如：在9等分圓中，每隔三格連線後所畫出的圖形(參考圖19)，由於9：3還可以簡化成3：1，所以畫出的圖形與6等分圓，每隔2格連線的圖形(參考圖11)6：2的比例是一樣的，

因此，兩個圖形相同，且必定也和3等分圓，每隔1格連線(3：1)的結果一樣。

也就是說，能畫出與圓等分數相同的正多角星的畫法，至少應符合：圓等分數與每隔幾格連線數，這兩個數的比例必須恰好是最簡化的比例。

不論是哪一種畫法，所有連線路徑都是從0出發。當回到0的位置，連線就算完成。當然能連成和圓等分數一樣多的正多角星的圖形也不會例外。所不同的是，能連成和圓等分數一樣多的正多角星的路徑必定會通過每一個點。以10等分圓為例，每隔3格連線可以畫出正十角星，連線路徑是：0→3→6→9→2→5→8→1→4→7→0，總路徑必定經過所有點數號碼。因此，能畫出連線路徑的總格數，必定同時是圓等分數和每隔幾格連線數的最小的共同倍數，也就是最小公倍數。

當圓等分數與每隔幾格連線數的比例要是恰好為最簡化的比例時，表示這兩個數之間，除了1以外，再也沒有其他因數，因此這兩個數相乘的結果，就等於兩數的最小公倍數。由於這個乘積能同時被圓等分數和每隔幾格連線數整除，所以必定是連線路徑的總格數，並且能保證連線路徑會通過所有的點。換句話說，連線後的結果，一定能畫出正多邊形或正多角星。

無論是哪種等分圓，如果等分數大於2的話，當每隔一格連線時，必定畫出正多邊形。所以結論是：在每隔幾格連線數大於1時，圓等分數和每隔幾格連線數的比例呈最簡化的比例時，連線後的圖形一定是一個與等分數相同的正多角星。

2.要想在一個12等分的圓上要畫出正十二角星，必須使得12與每隔幾格連線數的比例是一個最簡化的比例。每隔一格連線，所畫出的圖形是一個正十二邊形，所以每隔一格連線當然是不行的。

所有12的因數有1,2,3,4,6,12。1和12是不行的。而12和12的其他因數的比例，一定不會是最簡化的比例。譬如：12：2和12：3就不是。每隔幾格連線數，必須小於12，大於1，也就是從1到11。12的因數不算的話，只剩下5,7,8,9,10,11了。

但是12：8＝4：2，12：9＝4：3，12：10＝6：5，所以12和8,9,10這三數的比例都不是最簡化的比例，這三個數不列入考慮。還有一個理由是：4＋8＝12，每隔8格連線與每隔4格連線的結果一樣，所以每隔8格連線當然也不會形成正十二角星。每隔9格和每隔10格也是一樣的。

1＋11＝12，每隔11格連線和每隔1格連線的結果，都是會形成正十二邊形，所以11也必須排除。

因此，最後只剩下每隔5,7格的連線方法，可以形成正十二角星了。

周長消失了

「啾啾…………」門鈴聲響了。

「蕊蕊！有客人來了，快去開門。」

「哦！來了……哪一位……是婷婷姊姊啊！請進。」原來是隔壁的鄰居婷婷來了。蕊蕊最喜歡婷婷姊姊了。

「蕊蕊，好乖呵！你在做什麼呢？哥哥呢？」

「我在玩造型板啊！哥哥也在玩……哥，你不要把我的連結桿全部用完，這樣我怎麼拼啊？」

「我才沒有，連結桿還那麼多……」

「你們先別吵，有誰能告訴我，你們在拼些什麼？」婷婷笑著打圓場，充當起和事佬。

「我在拼一部吉普車啦(如圖1)！而蕊蕊她說她在拼宇宙超級大隻的馬陸(如圖2)，我說像蜈蚣還差不多。」寶哥說。

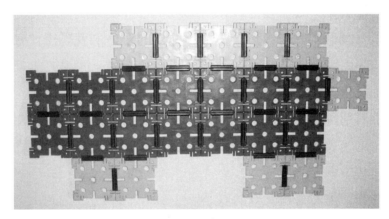

（圖 1）

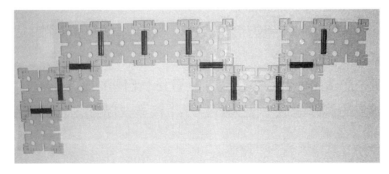

（圖 2）

「你管我！」蕊蕊沒好氣的反擊。

「好啦！你們就別再吵了！先讓姊姊欣賞一下你們的傑作吧！」

「你們都做的不錯！蕊蕊，你剛剛說哥哥都把連結桿用掉了，是什麼意思？」

「就是這個啊(如圖3)！沒有這個，正方形造型板就無法連結在一起了。」蕊蕊隨意拾起一根連結桿解釋著說。

(圖3)

連結桿的意義

「咦？哥哥拼的圖形中，幾乎每一塊正方形周圍都連結著其他的正方形，所以需要用到許多的連結桿。而蕊蕊圖形中的正方形，旁邊所連接的正方形就顯得比較少。難怪蕊蕊要擔心哥哥把所有的連結桿用完啊！」婷婷一面看著兩人的作品一面說。

「原來如此！」蕊蕊沒好氣的說。

「姊姊你說得很有道理，我的圖形比較集中，的確需要用到比蕊蕊更多的連結桿。誰叫蕊蕊要拼大蜈蚣，我的吉普車一下子就可以把它碾過了。」寶哥一面思考，一面還不忘記虧蕊蕊。

「是馬陸啦！姊姊，你看哥哥又欺負我了。」

「蕊蕊乖，姊姊幫你。寶哥的吉普車也許比較強，可是有一點肯定輸蕊蕊的馬陸！」女生註定幫女生的忙。

「怎麼可能！」這回寶哥沈不住氣了。

「因為哥哥的吉普車用了24片正方形拼成的，蕊蕊的馬路也要用24片正方形來拼，這樣才公平！拼好後再來比。」

「那有什麼問題，比法由你們女生決定。」寶哥有自信的說。

「好哇！我要讓我的馬陸變成一隻大蟒蛇。」沒多久時間，蕊蕊就完成她的傑作了(如圖4)。

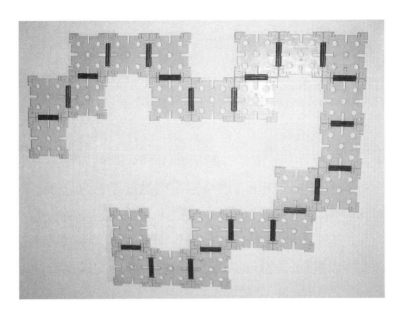

(圖4)

「好啦！現在說說看要怎麼比呢？」寶哥信誓旦旦的說。

「就按照哥哥剛剛說的邏輯來比好了。你剛剛說，你的吉普車比較『強』，對吧！是不是比較『強』，或是比較『長』，或是比較『大』的，就比較厲害？」婷婷說道。

「是啊！」寶哥很滿意自己的認知。

「好！現在兩個圖形的正方形都是24片，這很公平對吧！蕊蕊，我們就和哥哥比比：將彼此的圖形從外圍繞一圈，繞一圈的長度就是『周長』。誰的圖形周長比較長，誰就贏了？」

「好啊！好啊！」蕊蕊二話不說，便忙著數大蟒蛇的周長有多長。

「完了！……」寶哥看了一眼他的吉普車，心中暗自思量：一個正方形有四個邊長，周長就當作4好了。照理說，24片正方形的周長應有24×4＝96，可是吉普車的圖形是用許多的連結桿連接而成的，一個連結桿連結兩個邊，也就是每使用一個連結桿會導致兩個邊長的消失。這樣一來，就等於周長少掉2。哇！不妙！吉普車周長正因此快速的消失中……。

「……婷婷姊姊，老子不是說過：『無用是為大用』嗎？不論聰明才智誰強誰弱，每個人對社會也都有不同的貢獻啊！更何況什麼『強』啊！『長』啊！『大』啊！這些都是外在的因素。我們不能靠這些外在因素而自鳴得意，更不能用這些外在因素來攻擊別人啊！……」寶哥狡猾地以辯解代替投降。

「好、好、好！吉普車有吉普車的貢獻，而蜈蚣、蟒蛇啦，對於自然環境的生態也有一定的貢獻，強者與弱者都應該和平共處，不是嗎？」婷婷不但一點也沒有得理不饒人，反而還替寶哥尋找台階下。

而蕊蕊仍死命地數著她的周長……

◄動手玩時間►

在所有面積相等的封閉平面圖形之中，圓形的周長是最短的。你能解釋為什麼嗎？

◄參考答案►

從微觀的角度來看，對於所有面積相等的平面圖形而言，我們都可以找到「夠」多、「夠」小並且數量相同的正方形，使得這些正方形毫無重疊地連接起來之後，能夠逼近這個平面圖形的形狀和面積。而圓形應是所有這些圖形中，最平均地向自身的中心「集中」的圖形。這意味著圓形會是所有小正方形的邊與邊，連接最為頻繁的圖形，同時也是使得小正方形的邊長消失的最多的圖形。所以在相同面積的平面圖形中，圓形的周長會是最小。

數說心語

1.一般而言，孩童常常以為平面圖形的周長若是長，則面積一定大，而面積大的，周長也會比較長。用正方形板拼過之後，這樣的觀念不攻自破，這就是操作的好處。

2.筆者不記得是在哪本數學讀物上，看到該書作者舉一個火柴盒的例子：將火柴盒中間裝火柴的紙槽移除，將目光正視著火柴盒的洞口，然後用手指頭從上而下，緩慢地將火柴盒壓平，可以發現火柴盒洞口的形狀，從長方形慢慢變成平行四邊形，最後洞口消失，而洞口的面積則是越來越小，最後面積消失了。洞口的周長是固定的，而面積卻越來越小。這個例子可以明白說明在周長固定的情形下，面積的消長變化。足見周長長短與面積大小沒有固定的關係，這實在是個很富戲劇化的例子。

3.筆者在課堂上，常用下面的活動來說明這樣的概念。當然這要算是這類問題的變形，不過卻很有趣。請您任意拿起一張紙，對折後，但先不要攤開，從中間剪開一刀，但不要剪斷紙張。此時將紙張攤開，可以發現紙張中央有一個洞，這時候洞的大小，或許只能穿過一個拳頭。問過孩童：能不能將一張小小的紙張，經過適當的剪裁，讓一隻大象從紙張中間的洞穿過？孩童往往直覺地說：這怎麼可能？但在親自操作之後，方才深深感到驚奇。紙張大小是「面」，而洞的大小是「周長」的展現。面是面，而周長是周長呢！

紙上撞球遊戲

「哇塞！一開球就將九號球撞進洞袋裡。真是神乎其技呢！」寶哥一面看著電視的撞球比賽，一面激動地說。

「我說啊！是他運氣太好。」蕊蕊似乎不以為然。

「或許是吧！比賽的時候，球技固然是必要，可是球運也少不了吧！」媽媽也參一腳加入自己的意見。

「你們說得都對！只是球運不是人所能掌控的，而憑藉著不斷的努力與突破，才能擁有出神入化的球技，畢竟國內多少年來，才出一位能在國際間立足的國手趙豐邦，不是嗎？」爸爸誰也不得罪，並接著說：「這場國際撞球大賽實在精彩，也真多虧有限電視的蓬勃發展，才能使得各種有益身心的球類運動迅速推廣開來。現在的撞球場所已經不再像過去一樣，是一個問題少年聚集的場所了。這樣好了！改天我們也上撞球場運動，見識一番吧！」

「好哇！我覺得撞球是一種君子之爭的運動。」寶哥附和地說。

「可是要打得好可不容易喔！」媽媽補充說道。

「是啊！以花式撞球而言，打法是必須依照號碼的順序，一一將球打入袋中。並且在思考如何撞球的同時，就要想到下一桿的母球位置最好在哪裡。」爸爸說。

「唉！真希望現在馬上可以去打撞球。」聽了大家談論撞球的事情，蕊蕊不禁也興起學習撞球的興趣。

「我們家雖然沒有撞球可玩，可是爸爸想到一種在紙上打撞球的遊戲喔！」

「在紙上打撞球？不會吧！」寶哥、蕊蕊異口同聲地說。

「嗯！可是在玩這個遊戲之前，你們需要具備一點對於撞球常識的了解。先考考你們，當一桿把球撞出去，你知道球如果撞到撞球台邊緣之後，球的行進方向如何改變的嗎？」

「這個我知道，球撞到撞球台之後，就像是籃球擦板或光的反射一樣，球行進方向與撞球台邊緣所產生的夾角和球撞到台緣反射出去後繼續前進的方向與撞球台邊緣的夾角是相等的！（如圖1）」寶哥說。

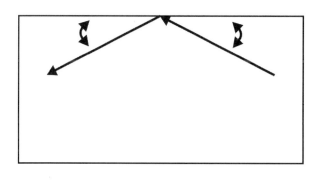

（圖 1）

另類撞球玩法

「那麼如果將撞球台的二個腰袋除去，只留下四個底袋。」爸爸將題意以畫圖的方式呈現在一張白紙上：「如果球放在左下方底袋的位置，而球桿朝右上角的方向撞球，請問要如何才能將球撞到台緣後進袋？（如圖2）」

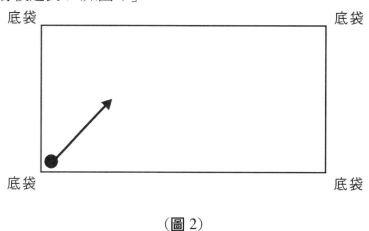

（圖 2）

「這個問題不難！只要瞄準對面球台中間的位置，將球撞到這個位置後，就能讓球進入右下方的底袋囉！（如圖3）」蕊蕊回答。

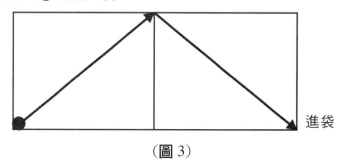

（圖 3）

「嗯！而且是『一顆星』進袋。」寶哥補充說明。

「什麼是『一顆星』啊？」蕊蕊不解地問。

「就是球撞到撞球台邊緣一次的意思啦！」寶哥反應很快地回答。

「那有沒有用更多顆星的方法將球撞入底袋？」爸爸繼續提出問題。

「我想到了！將球台分成三等分，瞄準球台對面邊緣左邊的三分之一處，就可以『二顆星』一桿進袋啊！(如圖4)」寶哥也想到一個好方法。

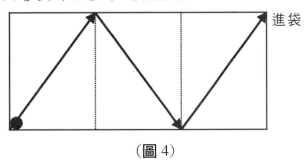

（圖 4）

「那我也會！將球台分成四等分，瞄準球台對面邊緣左邊的四分之一處，然後『三顆星』一桿進袋！比哥哥多一顆星！(如圖5)」蕊蕊也不甘示弱地說。

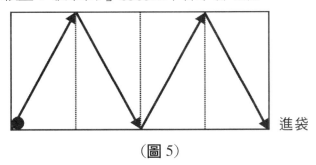

（圖 5）

「嗯！延續你們的想法，將球台等分為更多等分，然後瞄準左邊的第一個等分點，的確可以使球以比等分量少一的顆星數進袋。」爸爸說：「那麼如果將撞球台等分成3×5個正方形，有沒有辦法將球以45度角的方向一桿進袋？(如圖6)」

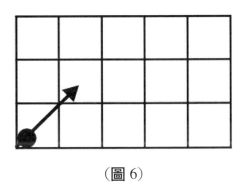

（圖 6）

「咦！畫了便知！(如圖7)寶哥說著便拾起筆與尺，畫了起來。」

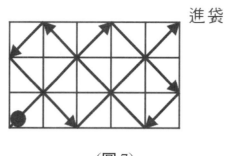

（圖 7）

「球這樣也能一桿進袋，更妙的是：球行進的路線竟然穿過每個正方格。」

在一旁看著哥哥操作的蕊蕊，隨後也拾起一張白紙，畫了起來：「那如果球台的比例是3×6，用同樣的方法，能不能一桿進袋，同時又使得球穿過所有的正方格呢？我來試試看！哇！可以進袋，可是不能夠穿過所有的正方格！」(如圖8)

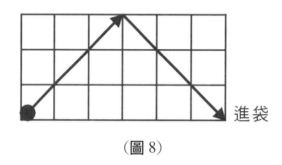

（圖 8）

「接下來，我來試試3×7的球台吧！」寶哥接著畫一個新的球台，並迅速畫出球的行進路線：「這個球台倒是能一桿進袋，且能穿過所有的正方形呢！」(如圖9)

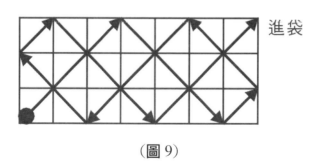

（圖 9）

「哥哥！球能不能穿過所有的正方形區域，一定與球台的長和寬之間有著密切的關係！不如我們分工合作，畫出各種尺寸的撞球台，並將撞球的行進結果記錄下來吧！」

「好呀！可是，首先我們得有計畫的決定要畫出哪幾種尺寸的撞球台，同時還得釐清我

們研究的方向。嗯~~~~！有三個問題是我們所關心的：第一是撞球台是不是可以一桿進袋，第二是進袋的球是不是可以穿過所有的正方格，第三是幾顆星進袋。現在開工吧！」

於是兩兄妹便忙著畫出各式各樣尺寸的撞球台(如圖10)，並為這些撞球台設計一個表格，同時把問題的結果一一記錄了下來。

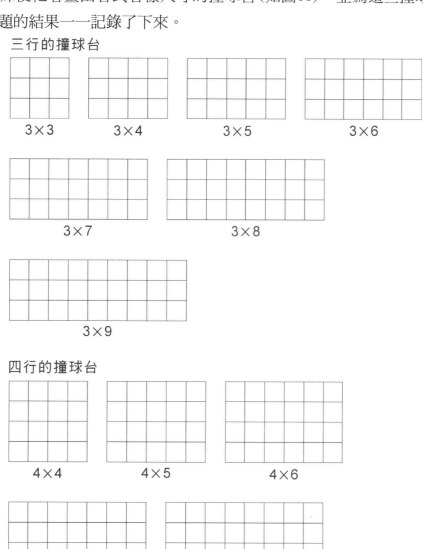

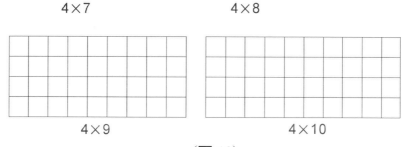

(圖 10)

(表1)

撞球台	3×3	3×4	3×5	3×6	3×7	3×8	3×9
是否一桿進袋	∨	∨	∨	∨	∨	∨	∨
是否穿過所有正方形		∨	∨			∨	∨
幾顆星進袋	0	5	6	1	8	10	2

(表2)

撞球台	4×4	4×5	4×6	4×7	4×8	4×9	4×10
是否一桿進袋	∨	∨	∨	∨	∨	∨	∨
是否穿過所有正方形		∨		∨		∨	
幾顆星進袋	0	7	4	9	1	11	6

有了這些表格，兩兄妹的研究才正要開始呢！

「哥哥，表格完成了！你有什麼發現沒有？」

「從剛才的經驗看來，似乎每一個撞球台都能一桿進袋啊！」

「我也這麼覺得！而且有些撞球台的進袋方式還真的很類似呢！」

「喔！怎麼說？」

「你看嘛！3×3和4×4都是朝右上角一條斜線進袋，半顆星也沒有。而3×6與4×8也都是一條右上斜線，接著一條右下斜線，就1顆星進袋了。」

「你說得沒錯耶！你看3×3的撞球台，3÷3等於1，而4×4的撞球台，4÷4也等於1，所以它們就和1×1是同一類呢！」寶哥更進一步地分析說：「像3×6的撞球台，3÷3等於1，6÷3等於2，而4×8的撞球台，4÷4也等於1，8÷4也等於2。所以說就3×6與4×8是和1×2是同一類啊！」（如圖11）

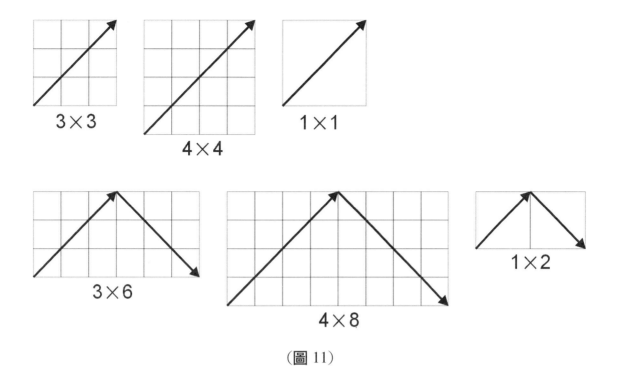

（圖 11）

　「哥哥說得很有道理。總而言之，3×3和4×4根本就可以簡化成1×1，而3×6與4×8也可以簡化成1×2。咦！對於那些還能夠簡化的撞球台而言，當畫出球的進袋路徑之後，就會造成許多的空隙。啊！這或許就是它們的進袋路徑無法穿過所有正方格的原因啊！（如圖12）」

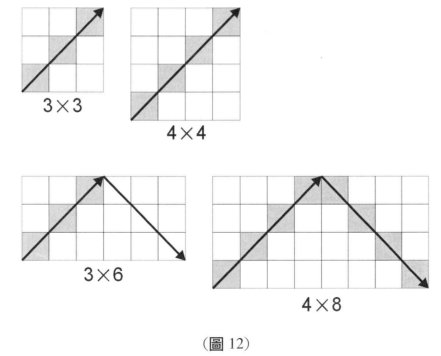

（圖 12）

「嗯！難怪3×9和4×6也沒辦法穿過所有的正方格，因為它們都還可以簡化成1×3和2×3呢！」寶哥對於這個記錄表格可是越看越能看出些端倪呢！於是繼續說道：「還有4×10，其中的4能被2整除，10也能被2整除。4÷2＝2，而10÷2＝5，我判斷4×10的撞球台也能簡化成2×5。（如圖13）」

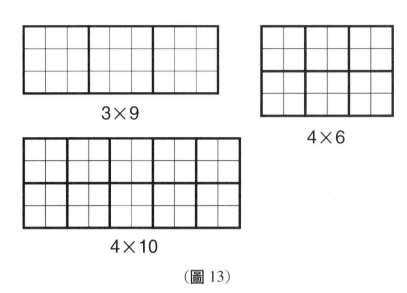

3×9

4×6

4×10

（圖13）

「那我懂了！8×12的撞球台也能簡化成8÷2＝4，12÷2＝6……，簡化成4×6。」蕊蕊將發現的結果繼續外推。

「我說啊！4×6是不夠的！」寶哥補充說。

「嘻嘻！我說得太快了。4是8和12同時可以被整除的數當中最大的，應該可以直接用8÷4＝2，然後12÷4＝3，也就是簡化成2×3才對！（如圖14）」蕊蕊贊同地說。

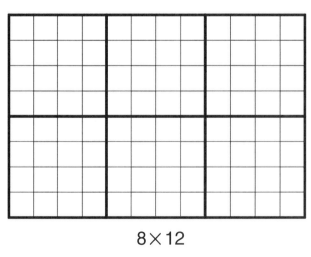

8×12

（圖14）

「嗯！我想這就表示要研究8×12撞球台的進袋路徑，就可以直接研究2×3的就行了啊！」寶哥說。

這時候，爸爸忍不住介入參與討論：「你們討論出結果了嗎？如果爸爸將8×12的撞球台的四個底袋都給一個名稱：A、B、C、D（如圖15）。你覺得球會幾顆星進袋呢？還有會進哪一個袋呢？」

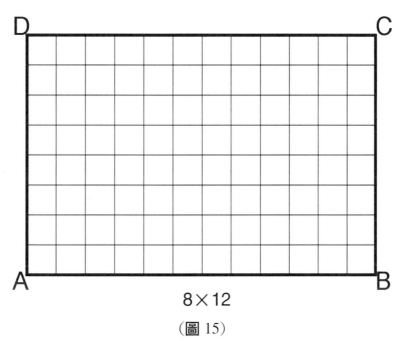

8×12

（圖15）

「幾顆星的問題，我們還沒有討論到耶！還有球會進哪個袋，也是我們根本沒想到的問題。哥哥，那怎麼辦？」蕊蕊著急地說。

「別急！你忘了我們的結論了嗎？8×12的問題，可以用2×3來想就行了啊！」

「對喔！我怎麼給忘了！真是的！……」

◀動手玩時間▶

1. 請參考圖15，球將會幾顆星進袋呢？又會進哪個袋？
2. 在25×36的撞球台上，球的前進方向仍是從左下角A球袋出發，朝著右上角45度前進。你能預測球將會進哪個袋呢？（如圖16）

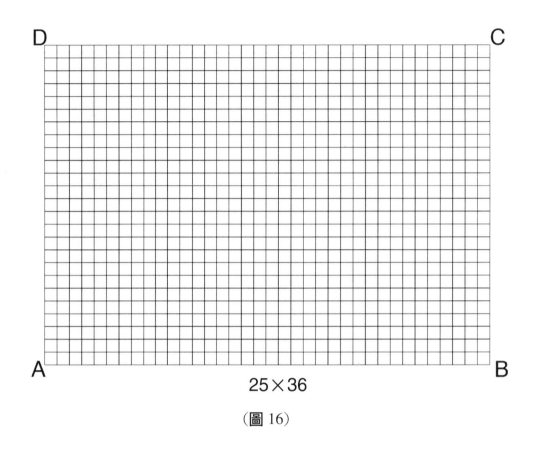

25×36

（圖 16）

◁參考答案▷

1. 由於8和12的最大公因數是4，也就是8：12＝(8÷4)：(12÷4)＝2：3，所以8×12的撞球
   台可以簡化為2×3。畫出2×3的球台之後，就可以很輕易地畫出球的進袋路徑（如圖17），
   並且會發現：球將會4顆星進D袋。

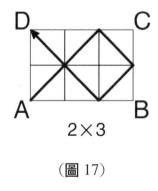

2×3

（圖 17）

2. 或許我們可以不透過操作，改用推理的方式就能解決這個問題。
   分別以橫向和縱向兩個角度來觀察撞球的進袋路徑：

從橫向來看，可以看作球是在A袋和B袋之間36個正方格中左右往返行進著，而從縱向來看，又可以認為球是在A、D之間25個正方格中上下往返行進著。

　　球是從A袋洞口出發的。如果從橫向來看，最後球在左方處消失，這意味著球有可能進了A袋或D袋；如果球在右方處消失，則球有可能進B袋或C袋。因此，球在進袋之前所行經的方格總數，必定是36的倍數。

　　同樣的道理，從縱向來看，如果球在上方處消失，球則是進了C袋或D袋；球要是消失在下方處，球應該是進了A袋或B袋。因此，球在進袋之前所行經的方格總數，同時也會是25的倍數。

　　既然球在進袋之前所行經的方格總數是36的倍數，同時也是25的倍數，那麼所行經的方格總數應是36和25的最小公倍數36×25＝900，正巧球將會行經所有的正方格。

　　從橫向來看，球行經一個36格，就會到達B袋或C袋的位置；行經二個36格，就會到達A袋或C袋的位置。看來球行經奇數個36格，就會進B袋或C袋，而行經偶數個36格，則會進A袋或D袋。900÷36＝25，如此則球會行經25個36格，然後進袋。25是個奇數，所以球不是進B袋，就是進C袋。

　　類似的推論可以繼續進行。從縱向來看，球行經一個25格，就會到達C袋或D袋的位置；行經二個25格，就會到達A袋或B袋的位置。看來球行經奇數個25格，就會進C袋或D袋，而行經偶數個25格，則會進A袋或B袋。900÷25＝36表示球會行經36個25格然後進袋。36是個偶數，所以球不是進A袋，就是進B袋。

　　既然球只有進B袋或是C袋的可能，同時又必定進A袋或是B袋其中一袋，那麼我們可以推斷地說：球必定會進B袋。

　　若您有興趣的話，不妨試著研究看看：在25×36的撞球台上，球是幾顆星進了B袋？

福爾摩斯探案

「哥哥剛剛看完『名偵探柯南』嗎？這集又在演什麼樣曲折離奇的案件呢？」爸爸走出房門，一眼就瞥見剛看完電視，臉上露出淺淺微笑的寶哥，便好奇地問道。

「是啊！這集是播出『世紀末的魔術師』，柯南解開羅馬諾夫王的皇室秘寶『回憶彩蛋』之謎的推理方法真是高明呢！」寶哥興奮地有些答非所問。

「有一件事情爸爸一直搞不懂：為什麼柯南只有國小一年級，就那麼會辦案呢？」爸爸終於找到機會，問了長久以來心中的大疑問。

「爸爸！太遜了吧！這你都不知道啊！」寶哥如數家珍地說：「柯南本來是一個高中生，也是一位像福爾摩斯這樣強的名偵探，名叫工藤新一。他有高超的推理能力，也常常幫警方破了不少的懸案啊！有一天，他正和女朋友毛利蘭約會時，不經意地發現行蹤可疑的黑衣男子，然後一路尾隨跟蹤，不料卻反被襲擊，而且強灌下一種新開發的毒藥－ATPX4869。結果人是沒死，但卻變成了國小一年級的小學生！」

「是這樣啊！」爸爸皺著眉頭接著說：「可是新一為什麼要改名成柯南呢？」

「那是新一在一次意外的場合下，臨時編的啦！他恰好在博士家看到書架上有日本著名的偵探小說『江戶川亂步』全集，又想到他爸爸是『柯南道爾』的忠實讀者，於是靈感一動，就用『江戶川柯南』之名來掩飾身份。」

「是這樣子啊！難怪。哥哥，你知道柯南道爾是誰嗎？」

「當然知道囉！柯南道爾就是創造出世界上鼎鼎大名的大偵探－福爾摩斯的知名作家嘛！」

「你看過柯南道爾所寫過的有關『福爾摩斯』的作品嗎？」

寶哥搖搖頭。

「你真該找本『福爾摩斯探案』來看看的！他所寫的小說以短篇居多，也有長篇小說。總之，他是一位很成功的作家呢！」

「真的啊！改天我要到圖書館借來看！」寶哥興致勃勃地說。

「哥哥喜歡看偵探小說嗎？爸爸現在就說一個有關福爾摩斯探案的故事給你聽吧！」

「好哇！」

「1905年，福爾摩斯偵破珠寶慣竊的案子，警探雷斯垂德透過福爾摩斯的協助，而後慣竊詹姆斯被逮落網，但雖說人贓俱獲，但竊物仍差一件。詹姆斯始終不肯招供他從莫卡伯爵夫人那兒盜走最珍貴的首飾匣的藏匿地點。後來詹姆斯又得知案子是福爾摩斯偵破的。心中實在不服，為了賭氣，便告訴警方說：『聽說我的案子是有名的大偵探福爾摩斯所偵破的！

好吧！既然他本事這麼大，我就透露首飾匣的藏匿之處。你告訴福爾摩斯，首飾匣就埋在奧克肖特太太的農場裡！』

警探雷斯垂德聽到之後，愣了一下，心想：天啊！奧克肖特太太的農場有十幾座，要怎麼找啊？

詹姆斯看見雷斯垂德詫異的神情，便說：『你先別急。我把首飾匣埋在靠近警局的某一座農場，從警局方向數來的某一根籬笆欄杆附近，距離某公尺下的泥土裡。至於是埋在第幾座農場、第幾根欄杆和距離欄杆幾公尺的地方呢？我是不會講的。不過這些數一個比一個大，並且相加是143，相乘就是今年：1905年。去告訴福爾摩斯吧！祝他好運囉！哈哈……』雷斯垂德想不出好辦法來解出詹姆斯的謎題，只好再次求助於福爾摩斯！

福爾摩斯透過朋友斯坦弗的介紹，與退役軍醫華生結識，並合租在貝克街221號B室。隔日，雷斯垂德來到福爾摩斯的住所

『你正忙著吧！』雷斯垂德：『也許我打擾你了。』

『哪兒的話，請進！』雷斯垂德將是情原委一五一十告訴福爾摩斯。

華生當時在場，聽完了以後，立即思索：『三個數加起來是143？如果這三個數是10、20和113，相加就等於143，相乘就等於$10 \times 20 \times 113 = 20600$。喔！乘積太大了。我想我應該調整這三個整數的數值。就選擇5、5和133吧！這樣乘積或許會小一些！嗯！相乘等於$5 \times 5 \times 133 = 3325$，乘積小多了，可是還是不等於1905……。』

『親愛的朋友，告訴你一個壞消息和一個好消息。』福爾摩斯不改英國紳士的模樣，對著埋首苦幹的華生不急不緩地說。

『先說說壞消息吧！老友。』華生呼地發出傷神的嘆息聲，眉頭深鎖地說。

『壞消息就是：三個整數的和是143的整數組一共有1074組。你這樣像無頭蒼蠅般的嘗試錯誤，相信你是很難找到答案的！』

『你這麼說雖然無情了點，不過倒也中肯。那好消息是什麼？』

『好消息就是我現在準備出門，在你待會兒最無助的時候，買隻鵝慰勞你這隻呆頭鵝！』

『哈哈！親愛的朋友，你總是喜歡開我玩笑。這個問題似乎在你的掌握中。你還是說吧！』華生讓福爾摩斯一逗，這才開懷起來。

『我的朋友！這個謎題的線索有三個：一是三個數一個比一個大，二是相加等於143，三是相乘等於1905。遇到謎題，你總是將所有的問題都看清楚了，就是沒看清楚問題的重點。你老老實實地從前面的線索查起，卻忘了線索的出現是從不會按照順序排列的。』

『那你的建議是……』

『要我看來，三個數相乘等於1905的情形比較少。倒不如先從這個線索開始查起吧！』』

「然後呢？接著下來怎麼辦？」

「然後，請你來當當福爾摩斯吧！」爸爸笑著回答。

「好吧！我就來試試看。首先，先想辦法將1905分解成三個整數相乘。從個位數來看，1905有5的因數(註1)。1905÷5＝381，也就是說1905可以表示成5×381。

根據3的倍數判別法(註2)，3＋8＋1＝12，12÷3＝4，這又表示381有3的因數。381÷3＝127。因此，1905＝3×5×127。我找到相乘等於1905的三個整數了，那就是3、5、127。趕快相加起來看看！3＋5＋127＝135。唉！不是143。」寶哥感到沮喪，隨即似有所悟地說：「會不會127還可以繼續分解？用質數(註3)試著除除看。2、3、5、7不行。會不會有11的因數？127÷11＝11.5……，127沒有11的因數。那有沒有13的因數呢？127÷13＝7.7……。爸爸，你覺得繼續尋找更大的質數，看看可不可以整除127好呢？還是到此為止，就可以確定127根本就是一個不可能被其他數所分解的質數呢？」

「這個問題很好！你覺得127可不可能有一個比13還要小的因數呢？」

「我已經試過所有不大於13的質數，都沒辦法整除127。所以127根本不可能有一個比13還要小的因數。」

「你說得很對！127÷13＝9.769……，商數9.769……已經小於13了。如果再有一個比13更大的質數能整除127的話，那麼127除以這個質數後所得到的商數，會不會比13大呢？」

「我想想看。被除數固定的話，除數越大，則商數就越小。如果這個質數不但比13還大，而且還能整除127的話，那麼除127所得到的商數，必定也會小於13。」寶哥隨即恍然大悟地說：「我懂了！要是真有一個比13大的質數能整除127的話，那麼127除以這個質數所得到的商數，就會是127的一個比13還要小的因數。這個結論顯然與之前我們所得到的結果：127不可能存在一個比13還要小的因數，是不相符合的。所以，127應該是個質數才對！」

寶哥完全明白地接著說：「也就是說，若是要將1905分解成幾個質數相乘的結果，也就只有3×5×127這一種方法了。」

「正確！」

「那是不是表示說：除了3、5和127之外，再也沒有三個整數的乘積會等於1905了呢？」

「不是！」

「真的嗎？可是我怎麼找都找不到啊！」

「因為你忽略了1的存在！任何數都可以分解成1和自己相乘。3等於1×3，而5也等於1×5，所以至少還有1×1×1905、1×3×635、1×5×381和、1×15×127這四組數相乘等於1905。」

「對喔！其中顯然只有1、15、127的和剛好等於143，並且依序這三個數一個比一個大。

所以首飾匣就埋在第1座農場、第15根欄杆與距離欄杆127公尺的地方。爸爸，我想不出來以及沒有想到的地方，你怎麼都知道呢？」

「哈哈！套句福爾摩斯在《藍寶石案》中所說過的話：『知道別人不知道的事，是我份內的事！』」爸爸笑著回答。

◀動手玩時間▶

1. 有三個比零大的整數相加剛好是338，相乘正好是1986。這四個數是多少？
2. 有四個比零大的整數相加剛好是175，相乘正好是1992。這四個數是多少？

◀參考答案▶

1. 將1986分解成幾個質數相乘的結果：$2 \times 3 \times 331$。因此1986就可以寫成$1 \times 1 \times 1986$、$1 \times 2 \times 996$、$1 \times 3 \times 662$、$1 \times 6 \times 331$與$2 \times 3 \times 331$這五組三個整數相乘的結果。一一驗證三個整數相加的結果是否為338，就可以得到這三個整數應該是1、6與331了！

2. 將1992分解成幾個質數相乘的結果為$2 \times 2 \times 2 \times 3 \times 83$。同樣的道理，1992就可以寫成$1 \times 1 \times 2 \times 996$、$1 \times 1 \times 3 \times 664$、$1 \times 1 \times 4 \times 498$、$1 \times 1 \times 6 \times 332$、$1 \times 1 \times 8 \times 249$、$1 \times 1 \times 12 \times 166$、$1 \times 1 \times 24 \times 83$、$1 \times 2 \times 2 \times 498$、$1 \times 2 \times 3 \times 332$、$1 \times 2 \times 4 \times 249$、$1 \times 2 \times 6 \times 166$、$1 \times 2 \times 12 \times 83$、$1 \times 3 \times 4 \times 166$、$1 \times 3 \times 8 \times 83$、$1 \times 4 \times 6 \times 83$、$2 \times 2 \times 3 \times 166$、$2 \times 2 \times 6 \times 83$、$2 \times 3 \times 4 \times 83$這十八組四個整數相乘的結果。一一驗證每一組四個整數相加的結果是否為175，就可以得到這四個整數應該是1、2、6與166了！

註：

1. 因數與倍數是一體兩面的數學名詞。假設甲、乙代表兩個整數，當甲數能被乙數整除（有關整除的介紹，請參閱文七《找出 2 和 3 的倍數》的註解），則我們可以說『甲數是乙數的倍數』，也可以說『乙數是甲數的因數』。例如：甲數是 20，乙數是 4，由於 20 可被 4 整除，所以 20 是 4 的倍數，而 4 是 20 的因數。

2. 3 的倍數判別法是一個可以不透過直接用 3 除之，就可以很簡單地判斷這個整數是不是 3 的倍數的一種判別方法。該判別法是這麼說的：如果一個整數的各個位值的總和是 3 的倍數的話，那麼這個整數必定是 3 的倍數。至於該判別法為何成立，請參閱本書文七《找出 2 和 3 的倍數》。

3. 質數的操作型定義是：質數是大於 1 的整數，並且除了 1 和本身之外沒有其他大於 0 的因數。例如：2 的因數除了 1 之外，就只剩下自己這個因數了，所以我們稱 2 是一個質數。像 12 就不是質數，原因是：12 除了 1 和本身 12 這兩個因數之外，還有 2、3、4 和 6 這四個因數。

從質數的特性來看，質數是一個可以用整除的方法分解其他整數，但卻不會被其他的整數所分解的整數。例如：2 具有分解其他整數的特性，卻不能被其他的整數所分解；而 12 雖然可以分解它的倍數們，如：24、36⋯⋯等，可是卻能被 2 和 3 等數所分解，所以 12 不是質數。

親子系列

動手玩數學

2003年3月初版　　　　　　　　　　　　　　定價：新臺幣200元
有著作權・翻印必究
Printed in Taiwan.

著　　者　郭　義　信
發 行 人　劉　國　瑞

出 版 者　　聯 經 出 版 事 業 股 份 有 限 公 司　　責任編輯　黃　惠　鈴
台 北 市 忠 孝 東 路 四 段 5 5 5 號　　　　　　　　　　　高　玉　梅
台 北 發 行 所 地 址：台北縣汐止市大同路一段367號　校　　對　劉　玉　芬
　　　　　電話：(0 2) 2 6 4 1 8 6 6 1　　封面設計　玉　　童
台 北 忠 孝 門 市 地 址：台北市忠孝東路四段561號1-2樓
　　　　　電話：(0 2) 2 7 6 8 3 7 0 8
台 北 新 生 門 市 地 址：台北市新生南路三段94號
　　　　　電話：(0 2) 2 3 6 2 0 3 0 8
台 中 門 市 地 址：台 中 市 健 行 路 3 2 1 號
台 中 分 公 司 電 話：(0 4) 2 2 3 1 2 0 2 3
高 雄 辦 事 處 地 址：高 雄 市 成 功 一 路 3 6 3 號 B 1
　　　　　電話：(0 7) 2 4 1 2 8 0 2
郵 政 劃 撥 帳 戶 第 0 1 0 0 5 5 9 - 3 號
郵 撥 電 話：2 6 4 1 8 6 6 2
印 刷 者　　世 和 印 製 企 業 有 限 公 司

行政院新聞局出版事業登記證局版臺業字第0130號

本書如有缺頁，破損，倒裝請寄回發行所更換。　　ISBN　957-08-2567-7 (平裝)
聯經網址 http://www.udngroup.com.tw/linkingp
　　信箱 e-mail:linkingp@ms9.hinet.net

國家圖書館出版品預行編目資料

動手玩數學 / 郭義信著 . --初版 .
　--臺北市：聯經，2003 年（民 92）
　144 面；21×28 公分 .（親子系列）
　ISBN　957-08-2567-7(平裝)

　1.數學遊戲　2.小學教育-教學法

523.32　　　　　　　　　　92002474

親子系列

●本書目定價若有調整，以再版新書版權頁上之定價爲準●

兒童樂園

白話二十五史故事

●本書目定價若有調價，以再版新書版權頁上之定價爲準●

台灣風土系列

聯經出版公司信用卡訂購單

信用卡別： 　□VISA CARD □MASTER CARD □聯合信用卡

訂購人姓名：　_____

訂購日期：　　_____年_____月_____日

信用卡號：　　_____ _____ _____ _____

信用卡簽名：　_____(與信用卡上簽名同)

信用卡有效期限：_____年_____月止

聯絡電話：　　日(O)_____夜(H)_____

聯絡地址：　　□□□_____

訂購金額：　　新台幣_____元整
　　　　　　　（訂購金額 500 元以下，請加付掛號郵資 50 元）

發票：　　　　□二聯式　　　　□三聯式

發票抬頭：　　_____

統一編號：　　_____

發票地址：　　_____

　　　　　　　如收件人或收件地址不同時，請填：

收件人姓名：　　　　　　　　　　　　□先生
_____□小姐

聯絡電話：　　日(O)_____夜(H)_____

收貨地址：　　_____

‧ 茲訂購下列書種‧帳款由本人信用卡帳戶支付‧

書名	數量	單價	合計
		總計	

訂購辦法填妥後
直接傳眞 FAX：(02)8692-1268 或(02)2648-7859
洽詢專線：(02)26418662 或(02)26422629 轉 241